MW01702874

Español para los negocios:
Estudios de casos

Irene Mizrahi
Boston College

Gregory B. Kaplan
University of Tennessee, Knoxville

Con la asesoría de Elena González Urbaneja, M.B.A.

The McGraw-Hill Companies, Inc.
Primis Custom Publishing

New York St. Louis San Francisco Auckland Bogotá
Caracas Lisbon London Madrid Mexico Milan Montreal
New Delhi Paris San Juan Singapore Sydney Tokyo Toronto

McGraw-Hill
A Division of The McGraw-Hill Companies

Español para los negocios: Estudios de casos

McGraw-Hill's Primis Custom Publishing consists of products that are produced from camera-ready copy. Peer review, class testing, and accuracy are primarily the responsibility of the author(s).

1 2 3 4 5 6 7 8 9 0 BKM BKM 9 0 9 8

ISBN 0-07-366235-6

Editor: J.D. Ice
Cover Design: M.C. Bio
Printer/Binder: Book-Mart Press, Inc.

Español para los negocios: Estudios de casos

Irene Mizrahi

Gregory B. Kaplan

Con la asesoría de Elena González Urbaneja, M.B.A.

Índice

Prefacio y guía para profesores y estudiantes

Gracias a la constante apertura de mercados mundiales, vivimos en una sociedad que presenta numerosas oportunidades para el estudiante que obtenga una sólida formación tanto en idiomas como en relaciones y negocios internacionales. Los estudios de casos son el medio más efectivo para conseguir experiencia en estas áreas. Partiendo de este principio, nuestra antología reúne dieciocho casos adaptados para un curso de español de nivel avanzado, en los que se discuten múltiples aspectos prácticos relacionados con los negocios y con el medio cultural, social, político o económico en el que se desarrollan.

La primera parte incluye ocho casos extensos cuyo objetivo consiste en proporcionar ejemplos de los numerosos factores que determinan el funcionamiento de empresas con diferentes intereses, muchas de las cuales ya han intentado integrarse en el mercado mundial. Algunos casos hacen hincapié en los problemas de gestión y proceso de planificación que enfrentan ciertas compañías latinoamericanas, cuya toma de decisiones se ve fuertemente afectada por un clima de fragilidad institucional e inestabilidad económica. Otros atienden a los conflictos encarados por las multinacionales que proyectan invertir grandes sumas en América Central. El mercadeo y la publicidad constituyen la preocupación central de varios casos. Otros plantean dilemas relacionados con la organización interna de la empresa y la dinámica que existe entre sus miembros. En uno se discute el choque de posiciones entre los médicos y los gerentes de un hospital y se ponen de relieve las consecuencias que se derivarían de una organización inapropiada. Otro, cuyo análisis se concentra en una compañía norteamericana, sirve de punto de referencia para desarrollar comparaciones entre las prácticas gerenciales observadas en Latinoamérica y en los Estados Unidos.

Los ocho estudios presentan la siguiente estructura: la introducción del caso, la historia de la compañía, el planteamiento de sus problemas, la definición de sus términos de gerencia (presentados en negrilla en el cuerpo del caso), las preguntas sobre el caso en sí y sobre las soluciones a proponer y, por último, los temas generales para discutir en clase. Algunos de los casos incluyen cuadros o anexos cuya función consiste en dar una idea general del estado económico de la empresa. El entendimiento de estos casos no requiere cálculos financieros de índole alguna. Tampoco exige experiencia en los negocios.

Estos ocho casos están destinados a servir de base para varias actividades, como las que se sugieren en seguida:

Discusiones en clase

- Sobre la historia de la compañía, los dilemas que enfrenta y las estrategias que ha de emplear para resolverlos eficazmente.
- Sobre las preguntas y los temas incluidos al final del caso. Antes de empezar las discusiones conviene hacer un repaso (oral o escrito) de los términos de gerencia, memorizados en casa por los estudiantes.

Presentaciones orales

- En grupos de 2 o 3 estudiantes que participan por igual y utilizan los términos de gerencia, tanto los que aparecen en negrilla como los que están al final de cada caso. Los estudiantes resumen el caso, discuten el problema o problemas planteados, proponen algunas soluciones posibles, explican las ventajas y desventajas de sus sugerencias, y ofrecen una conclusión concisa, enumerando los pasos más importantes a seguir para la rápida mejora de la situación. Tras completar su exposición, abren la sesión a las preguntas y a la discusión en clase. Es aconsejable que el mismo grupo dirija el debate. Los casos han de distribuirse con bastante antelación para que los estudiantes puedan preparar y practicar sus presentaciones varias veces antes de la clase.

Tareas y pruebas escritas

- Algunas de las preguntas pueden asignarse como tarea o incluirse en pruebas y exámenes. También puede pedirse una composición sobre uno de los temas generales.

Casos cortos

La segunda parte integra diez casos cortos. Cada uno aborda un solo problema empresarial que puede estar relacionado con la gestión, la administración, la planificación estratégica, los recursos humanos o las relaciones públicas. Estos casos breves pueden servir de base para:

- Debates en grupos (tras su lectura en casa o en clase).
- Prácticas de presentaciones orales (individuales solamente). Al comienzo de la segunda sección de este libro, el estudiante encontrará una guía de cómo organizar la exposición de las soluciones que propondrá de acuerdo con los aspectos que entran en juego en una presentación gerencial persuasiva. Las presentaciones se han de asignar con bastante antelación para que los estudiantes tengan tiempo de prepararlas y practicarlas bien antes de la clase.
- Tareas y pruebas escritas.

Quisiéramos mencionar nuestros agradecimientos al Profesor Carlos Vélez de la Facultad de Administración de Empresas de la Universidad de los Andes por habernos proporcionado generosamente los estudios originales y su permiso de adaptación, edición y publicación en un libro de texto para español avanzado. Esta adaptación integra los resultados que obtuvimos cuando enseñamos los casos en Harvard University y en The University of Tennessee, Knoxville. Con gratitud incluimos las generosas sugerencias de nuestra amiga y colega Roxana Pagés-Rangel, quien los puso a prueba en Bentley College. Profundo agradecimiento debemos también a Elena González Urbaneja, cuyos expertos consejos en cuanto a la adaptación del contenido original a un público general desempeña un papel esencial en todos y cada uno de los casos que a continuación presentamos.

I.M.
G.B.K.

Cuadro de divisas utilizadas en este libro

Este es el cuadro de todas las divisas (y sus símbolos correspondientes) que van a aparecer en los 'Estudios de casos' y 'Casos cortos.'

País	Unidad monetaria	Símbolo
Colombia	Peso	Col.$
Ecuador	Sucre	S/.
Estados Unidos	Dólar	US$
Venezuela	Bolívar	Bs.

PARTE 1

Estudios de casos

Caso 1: Pizano S.A.

Caso 1: Pizano S.A.[1]

Enfoques principales: Planificación y estrategia

Introducción

Este caso pone énfasis en los aspectos de **planificación** y **estrategia** de una empresa, es decir, todas aquellas decisiones y medidas que se elaboran para alcanzar objetivos a mediano y largo plazo. El proceso de planificación es elemento clave para una gestión exitosa y requisito indispensable para establecer las funciones de la empresa. Este proceso se origina en la filosofía de la empresa y tiene por finalidad determinar y alcanzar metas y objetivos establecidos. En la gerencia moderna, la planificación toma forma de **plan central**, que establece objetivos a mediano y largo plazo, y de **planes operacionales**, que dan cuenta de las operaciones y resultados a corto plazo. La 'estrategia' implica el reconocimiento del mercado (doméstico e internacional) en el que participa la empresa a fin de detectar espacios o 'nichos' en los cuales se pueda aventajar a la competencia. Las consideraciones estratégicas están íntimamente relacionadas con la introducción de un nuevo producto o tecnología en el mercado.

Este caso ofrece un ejercicio comparativo interesante entre la práctica gerencial observada en Latinoamérica y la observada en países como Estados Unidos. Pizano S.A. refleja la forma en que se elaboran los planes y estrategias en las compañías latinoamericanas y pone en evidencia lo arbitrario que resultan estos procedimientos en un clima de fragilidad institucional e inestabilidad económica.

Historia

La fábrica Maderas Compensadoras **Pizano y Cía. Ltda.**[2] (hoy en día Pizano S.A.) fue fundada en 1936 durante el gobierno del presidente Alfonso López Pumarejo, quien procuró cambios sociales y tributarios sin descuidar el impulso que se le venía dando al desarrollo industrial.

El capital inicial de la empresa fue de Col.$71.000,[3] que muy pronto tuvo que ser aumentado a Col.$330.000. Este capital inicial vino de Bernardo Pizano, quien se dedicaba a vender telas, representando en ese entonces a una fábrica de textiles-Fabricato-en Bogotá.

Los fundadores fueron los hermanos Pizano Restrepo, quienes colaboraban con Fabricato: Arturo estudió el proceso de manufactura del triplex en Alemania y trajo la idea y el equipo a Colombia; Bernardo y Vicente colaboraron directamente en el desarrollo de este proyecto. La fábrica fue montada en Bogotá en un lote situado en la avenida 22 con calle 30 del ferrocarril.

Así comenzó sus operaciones la pequeña industria en la capital colombiana. Al principio, los camiones de troncos que se utilizaban para latinoamérica eran traídos de Fusagasugá y, posteriormente, de los Llanos Orientales. Con el tiempo y la expansión de la industria se vio que el suministro de materias primas hasta ahora adelantado comenzaba a ser muy eficiente, razón por la cual se decidió instalar la planta en la ciudad de Barranquilla, donde se podría asegurar un amplio y permanente

---

[1] S.A.: sociedad anónima

[2] Cía Ltda.: compañía limitada

[3] En muchos países hispanos se usa punto, en vez de coma, para separar miles.

suministro de madera que cumpliera con las crecientes exigencias de la compañía. El terreno fue adquirido entre Barranquilla y el terminal marítimo. Se obtuvo muy buen precio por este terreno debido a que era prácticamente una ciénaga. Un pequeño lago para el almacenamiento de las trozas se formó en el sitio del que se extrajo la tierra para rellenar el terreno donde se instalaron las edificaciones.

Para 1955 la nueva planta comenzaba a funcionar, mostrando muy favorables resultados en cuanto a los costos de la madera y el transporte, donde se vio inmediata disminución, al igual que se observó un ordenado y continuo suministro de materia prima a la planta. El cuadro siguiente ilustra estos resultados. Apenas los directivos de la compañía vieron estos resultados, decidieron el traslado definitivo del equipo y la maquinaria de Bogotá a Barranquilla.

Producción de Pizano S.A.

Años	Producción de láminas de triplex en metros cuadrados
1937	960
1947	—
1955	80.000
1960	1.800.000
1965	3.600.000
1970-71	5.220.000
1974	7.500.000

Desde 1959 hasta hoy, la planta ha estado en continua expansión. Esto se ha logrado reinvirtiendo la mayor parte de las **utilidades** y ampliando el número de accionistas, pues la mayor crisis que esta empresa ha afrontado ha sido la falta de capital que se requiere para ampliar la capacidad instalada y mantener **economías de escala** que hagan posible el logro de utilidades a medida que los costos aumentan. Es interesante notar que la empresa no repartió utilidades durante los primeros veinte años de operaciones, pues las ganancias se iban en nuevas inversiones y en pagar impuestos, razón por la cual los socios fundadores pasaron estos veinte años en situaciones que llegaron a ser realmente angustiosas.

En 1957, Triplex Pizano se fusionó con una empresa maderera de un grupo de antioqueños, la cual suministra madera a la planta desde entonces. Esta empresa se denominaba Industria Maderera del Caribe Ltda. y fue inmediatamente reorganizada, cambiando su nombre a Maderas del Darién Ltda. Además, se le indrodujeron los sistemas necesarios para la conservación de bosques y se le inyectó una fuerte cantidad de capital, con la cual se modernizó el equipo de talar bosque y se construyeron canales, campamentos y otras mejoras.

A consecuencia de la segunda guerra mundial hubo gran escasez y la compañía se vio obligada a producir sus propios pegantes, labor que se logró después de superar algunos obstáculos. Para esta época sucedió algo bastante curioso: uno de los dirigentes del gobierno de aquel entonces le hizo una fuerte sugerencia al gerente de Pizano para que le obsequiara a un pariente suyo Col.$60.000 en láminas de triplex para la casa que estaba construyendo en un barrio situado al norte de Bogotá. El gerente rechazó hacerle este 'favor' al dirigente, por lo cual a la empresa le fueron negadas las propuestas para licencias de importación de pegantes. Desde entonces, la fábrica produce su propio pegante. En 1963, la compañía se convirtió en sociedad anónima y puso en funcionamiento una nueva planta para producir madera aglutinada (tablex). A finales del año salió al mercado este nuevo producto que se fabrica con la madera sobrante de la fabricación del triplex.

Hasta el momento se ha presentado un resumen histórico de la compañía desde su fundación en 1939 hasta 1963, es decir, desde el gobierno del presidente López Pumarejo hasta el gobierno del presidente Guillermo León Valencia. Durante este período se notó un crecimiento grande en la industria, especialmente en el campo de textiles y de confecciones. Las empresas de cementos, hierro y otros materiales de construcción se afianzan durante esta época gracias a las mejoras en los transportes y a la extensión de los servicios públicos. Además, la extensión de la energía eléctrica a varias ciudades del país hizo factible la instalación de plantas y equipos cada vez más sofisticados. En esta época la compañía crece paralelamente al ritmo de la industria de la construcción que se viene desarrollando fuertemente para cumplir con la demanda habitacional que se refleja en el crecimiento de las ciudades. Esto iba enganchando las actividades de la industria, el comercio y otros sectores. Hasta el momento, la compañía venía creciendo a una tasa del 10% anual. Hoy Maderas de Darién es una sociedad anónima compuesta del grupo de antioqueños iniciales, quienes son dueños del 25%. Pizano S.A. es dueño del resto. La sociedad opera eficientemente en las cuencas de los ríos León y Atrato, abasteciendo muy efectivamente a la fábrica de Barranquilla.

Organización actual

Las oficinas de la gerencia general de Pizano están localizadas en Bogotá. La planta de Barranquilla está manejada por un gerente de planta y un equipo de ejecutivos encargados de los departamentos de administración, técnica, mantenimiento, producción y madera aglutinada.

Trabajan para la compañía alrededor de 800 personas. Pizano tiene programas de entrenamiento a todos los niveles en la fábrica y regularmente manda al personal a cursos de capacitación. La política de la compañía ha sido siempre la de hacer hincapié en la promoción de su personal, según los méritos de cada cual. Asimismo, la compañía se ha preocupado por el bienestar de sus empleados; tiene un programa que ha dado vivienda a intereses bajos a más de la mitad de sus trabajadores. También ha ofrecido variados servicios, incentivos y distracciones para el bienestar de los empleados y sus familias: asistencia social, capacitación, becas para los hijos, campos de deportes, cafetería, biblioteca y cooperativas con precios al costo. Las buenas relaciones entre trabajadores y patrones se han reflejado en los pocos problemas laborales existentes en la compañía, en cuyos 40 años de vida sólo ha tenido una huelga general. Las condiciones de trabajo han estado determinadas por pactos colectivos, realizados cada dos años.

Procesos tecnológicos

La planta de triplex está localizada dentro de los límites de la ciudad de Barranquilla, en un lote de aproximadamente 14 hectáreas, y cuenta con un gran lago donde se almacenan las trozas. Hay algunas hectáreas todavía sin utilizar que servirán para futuras expansiones.

El proceso utilizado para manufacturar triplex de madera dura es el siguiente: primero, se cortan los árboles con unas sierras; ya en el suelo, los árboles se cortan en trozas que se envían por un canal hasta el río, donde las trozas se unen unas con otras. Amarradas a una lancha, las trozas son conducidas hasta la desembocadura del río. Allí son izadas y cargadas por una grúa al barco que ha de conducirlas hasta la planta de Barranquilla para su elaboración. Al llegar a la fábrica, las trozas son pasadas por un torno que las desenvuelve en hojas o chapas de aproximadamente 1 mm. de espesor. Luego, las hojas pasan a la guillotina, la cual elimina las partes malas y corta la chapa en los tamaños previamente establecidos. Se introducen después en las secadoras a altas temperaturas, eliminándose de tal forma la humedad de la chapa. Luego, las chapas se clasifican según su calidad, tamaño y espesor, se les aplica el pegante y se inroducen dentro de las prensas a grandes temperaturas y presiones, elaborándose así el panel respectivo. Posteriormente, los paneles son recortados según las dimensiones requeridas y pasados por unas lijadoras para obtener una superficie fina y perfecta. De ahí, pasan a una bodega de despachos, en donde son cargados por mulas a los camiones para su distribución a todo el territorio nacional.

La planta de tablex queda adyacente a la de triplex. El proceso utilizado para formar tablex es de origen alemán. Consiste en desflecar el desperdicio de la madera en pequeñas astillas. Estas astillas son secadas y revueltas con pegantes sintéticos y fungicidas, formando una plancha de muchas capas que es luego prensada con calor hasta que se convierte en una lámina de densidad uniforme y estabilidad dimensional excepcional.

Hay un suministro amplio de electricidad, agua y gas. En este sentido, no se presiente que vayan a existir problemas en el futuro. El triplex y el tablex no necesitan de materias primas importadas pues tanto la madera como los pegantes son productos nacionales.

La producción de triplex en la planta de Barranquilla ha aumentado substancialmente durante los últimos años. Esta se compone de triplex para interiores, triplex marino, triplex para exteriores y triplex para enchapados. El control de calidad es riguroso ya que la mayoría del triplex será utilizado en climas tropicales, húmedos y de altas temperaturas.

Productos terminados

En este momento Pizano S.A. está sacando al mercado varios productos terminados:

- Láminas de triplex de varios anchos y categorías
- Láminas de tablex
- Puertas
- Pegante sintético
- Muebles para niños
- Láminas terminadas para enchapados
- Láminas de jaiplac

El único producto extranjero que usa la fábrica es la maquinaria, en su mayoría importada de Alemania y de los Estados Unidos.

Explotación maderera y reforestación: El problema del medio ambiente

Las primeras maderas utilizadas fueron el Camino Crespo de Antioquia y el Nogal de Cundinamarca. Desafortunadamente, el Nogal se terminó. Hoy día se utiliza el Cativo en grandes cantidades y el Abarco y el Guino en pequeñas cantidades. Estas maderas constituyen la materia prima del triplex y el tablex.

Las trozas son transportadas a la planta de Barranquilla desde su lugar de explotación en las cuencas de los ríos León y Atrato al noroeste de Colombia. Esta operación es ejecutada por la empresa Maderas del Darién, cuya fundación se llevó a cabo en 1957. La empresa cuenta con:

- ingenieros forestales que estudian y seleccionan las zonas de explotación
- 230 trabajadores que desempeñan las diferentes labores requeridas, desde el corte del árbol hasta la entrega de las trozas en el Atlántico
- un administrador que maneja el campamento principal y está encargado de los embarques, las cuentas, los suministros y los trabajos de oficina
- un superintendente encargado de la producción de trozas.

Maderas del Darién tiene derechos de concesión de 86.585 hectáreas de bosques que están divididas en seis partes: cuatro sectores situados en la vecindad del río León, en un área de 36.500 hectáreas, y dos sectores localizados en las cuencas del Atrato en un área de 51.000 hectáreas.

La reforestación se lleva a cabo en terrenos extensos que la compañía tiene para la resiembra de árboles en zonas de la costa, Bolívar, el Atlántico y los Llanos Orientales, con asesoría de la Corporación Financiera (CONIF). Cabe notar que hubiera sido importante tomar esta decisión tiempo atrás, dado el largo tiempo que toma el proceso de reforestación.

Mercadeo

El mercado de los productos de Pizano S.A. ha venido creciendo, especialmente con el desarrollo de las empresas de construcción y muebles, a la vez que se ha encontrado algo de mercado para esos productos en el exterior. Aunque se sabe que hay muchos otros usos para la madera, no se han encontrado mercados tan representativos como los recién citados. Dado que el principal consumidor es el sector de la construcción, las ventas dependen en gran parte de las decisiones políticas que generalmente tienen gran influencia sobre el desarrollo de la construcción. Así, por ejemplo, la compañía se vio afectada en los dos primeros años del gobierno del presidente Lleras Restrepo,1 durante los que se tomaron medidas tendientes a parar la inflación. Estas medidas, que en general producen una recesión en el campo de la construcción, se reflejaron en la caída inmediata de las ventas de la compañía. Vemos el caso completamente opuesto durante el gobierno del presidente Pastrana, en el que se fomentó directamente la construcción. En aquel momento, la empresa no dio abasto a la demanda del mercado, lo que causó fricciones con los consumidores y ensanches de la planta a grandes velocidades. En el gobierno sucesor del presidente López Michelsen cayeron de nuevo las ventas por cambios en las políticas económicas que causaron recesión de la construcción. Como resultado de esta situación, Pizano S.A. empezó a tomar las medidas que suele tomar una empresa en estos casos: canceló los pedidos de maquinaria, dio vacaciones colectivas a su personal y trató de hacer esfuerzos a través de los medios de comunicación para dar a conocer a los consumidores la alta calidad de sus productos.

Distribución y ventas

En un principio, Pizano S.A. contaba únicamente con clientes directos, representados en su mayoría por fábricas de muebles que consumían el total de la producción. Sin embargo, con el aumento de la demanda surgieron dificultades para colocar el producto, de tal forma que fueron naciendo distribuidores por todo el país. Estos distribuidores son independientes y compran los productos de Pizano, obteniendo un **margen de utilidad** del 30% sobre el precio al público y encargándose de conseguir sus propios mercados apoyados por la empresa y por la publicidad cooperativa, especialmente en los ciclos de baja de ventas. No se podría decir que existe una política muy clara de comunicación entre la empresa y los distribuidores. Se han dado casos en los que algunos de ellos han proporcionado asesoría de ventas a la fábrica, como sucedió en los dos primeros años del gobierno del Dr. Lleras Restrepo. Para 1975, la empresa contaba con más de 120 distribuidores repartidos por todo el país.

Como ya se ha mencionado, las ventas de la compañía van ligadas al desarrollo de la construcción. El siguiente cuadro muestra el desarrollo de las ventas (de unidades) y el porcentaje que éstas vienen representando en relación a los costos. También muestra la **utilidad neta** a través de los años.

Cuadro de ventas y utilidades netas

Año	Ventas (unidades)	% de Utilidades	Utilidad Neta (Col.$)
1937	—	—	12.400
1947	184.000	20	38.300
1955	2.043.000	7	147.000
1960	17.800.000	14	2.500.000
1965	52.200.000	12	6.500.000
1971	80.800.000	18	14.800.000
1974	323.000.000	25	80.000.000

En Colombia, la compañía ha contado con una posición privilegiada de liderazgo. Sólo las deficiencias en los sistemas de distribución y en la apreciación de los posibles cambios del mercado han dado pie al surgimiento de firmas cada día más competidoras, entre las que se hallan Láminas del Caribe o Madelfex, Triplex Condor, Chapas de Nariño y Codemaco.

Al haber logrado cumplir con los requisitos de calidad exigidos por los consumidores internacionales, Pizano ha conseguido colocar algunas cantidades de producto, especialmente de triplex, en los Estados Unidos. Sin embargo, los volúmenes son bastante pequeños debido a las altas tarifas arancelarias en los Estados Unidos, la fluctuación de la moneda y los altos costos de transporte que hacen que el producto no pueda competir con el mercado interno de ese país. Con la institucionalización, en 1967, del Certificado de Abono Tributario (CAT), equivalente a un reembolso del 15% del valor de la exportación en pesos, y algunas medidas tendientes a disminuir la carga tributaria de las empresas exportadoras, Pizano alcanzó a colocar más de US$400.000 dólares en el mercado exterior. Para 1975 se tenía previsto alcanzar un nivel de exportaciones de US$1.000.000, pero las medidas del gobierno del Dr. López Michelsen, tendientes a eliminar el CAT, al igual que una recesión mundial en la construcción, dieron como resultado que las exportaciones no llegaran a los US$200.000.

Exportaciones de Pizano

Año	Cantidad (US$)
1937	No hubo
1947	No hubo
1955	No hubo
1960	No hubo
1965	204.500
1971	218.000
1974	438.000
1975	180.000

Publicidad

Los esfuerzos de comunicación de la compañía se han hecho principalmente para acentuar la calidad de los productos y mantener la imagen de la empresa a través de mensajes institucionales. Desde 1961, la empresa gasta aproximadamente 1.57% de las utilidades en publicidad, alcanzando gastos de Col.$3.500.000, suma que se gastó en 1974, según se ve en el siguiente cuadro.

Gastos de publicidad

Año	Col.$
1937	--
1947	--
1955	--
1960	50.000
1965	620.000
1971	1.200.000
1974	3.500.000

Proyectos para el futuro

La compañía ha montado en Bogotá una fábrica de puertas que tendrá bastante movimiento en cuanto se logren regularizar las medidas en las construcciones del país. Con este producto también se intentará abrir mercados en el exterior, especialmente en los Estados Unidos, donde en 1975 se eliminaron los aranceles aduaneros para las puertas producidas en Colombia. Además, en 1975, la empresa lanzó al mercado una línea de muebles para niños a fin de buscar usos diferentes para el triplex. Esta empresa fue creada a causa de la parálisis en el sector de la construcción con el propósito de utilizar el inventario en almacén. Otro producto que se está preparando para su lanzamiento a finales de 1975 es el jaiplac, un producto intermedio entre el triplex y el tablex que cumple los mismos usos de ambos.

Términos de gerencia

Compañía limitada (o sociedad limitada): Formada por un grupo reducido de accionistas con derechos que corresponden proporcionalmente a sus contribuciones a la compañía. El pasivo de una compañía limitada está directamente relacionado a la cantidad de capital invertido por los accionistas. También se usa la palabra 'compañía' en sentido general para referirse a una empresa cualquiera.

Economía de escala: Cuando la expansión de la capacidad productiva de una firma o industria hace que los costos totales de producción aumenten proporcionalmente menos que el incremento de la producción. En consecuencia, el promedio de los costos de producción se verá reducido a largo plazo. Algunos factores que ayudan a crear economías de escala son la eficiencia en la capacidad de gestión, una estructura organizacional competente y las características técnicas de las plantas.

Estrategia: Una combinación compatible de metas, objetivos, políticas y programas que permitirán al gerente lograr el resultado máximo de sus operaciones bajo condiciones o circunstancias determinadas.

Margen de utilidad: Cantidad de ganancias que viene de la diferencia entre el precio de la compra y el de la venta del producto.

Plan central (o plan fijo): Plan usualmente establecido para períodos de 2, 5 o 10 años y al cual se refieren los planes operacionales o de corto plazo. Los directores de una empresa miden la ejecución de las metas y objetivos establecidos según el logro alcanzado, progresivamente, a través de los planes operacionales.

Plan operacional: Plan a corto o mediano plazo, comúnmente establecido por períodos trimestrales o anuales que determinan y contabilizan los recursos materiales y humanos necesarios para soportar la producción actual o programada en función de las estrategias establecidas.

Planificación: Elemento clave para una gestión existosa y prerequisito para establecer las funciones de la empresa. Comprende la evaluación del estatus actual de un elemento o función de la empresa, la articulación de una filosofía, la proyección del contexto empresarial en el futuro, la determinación de objetivos, la necesidad de pronóstico y anticipación de problemas, el establecimiento de políticas, el desarrollo de procedimientos, la preparación de presupuestos y, en general, el diseño de una estrategia que implique el logro de los objetivos esperados.

Sociedad anónima: Una compañía formada por accionistas que tienen derechos en proporción al capital invertido. Como en el caso de una compañía limitada, el pasivo de una sociedad anónima está directamente relacionado a la cantidad de capital invertido por los accionistas.

Utilidad: Se refiere, en general, a una cantidad ganada.

Utilidad neta: Ganancias remanentes al descontar impuestos.

Utilidad bruta: Ganancias resultantes tras cubrir gastos de funcionamiento y depreciación.

Preguntas

1. ¿Cuál ha sido la estrategia de Pizano para asegurar una expansión continua desde 1959?
2. ¿Cómo influyó la situación creada por la Segunda Guerra Mundial?
3. ¿Cuáles serían las diferencias principales entre los beneficios que ofrece Pizano a sus empleados y los que ofrecen compañías norteamericanas?
4. ¿Opina usted que el paquete de beneficios que les brinda Pizano a sus empleados sea suficientemente atractivo? ¿Podría mejorarse sin perjudicar a la compañía? Si es así, ¿cómo?
5. En 1975 no se logró alcanzar el nivel previsto de exportaciones. ¿Por qué no se logró? ¿Le parece realista a usted el plan inicial?
6. En cuanto a las empresas norteamericanas, ¿qué le parece el sistema de planificación y el desarrollo de estrategias para el lanzamiento de nuevos productos puesto en práctica por los directores de Pizano?
7. Si fuera posible aumentar el volumen de importaciones de estos productos a los Estados Unidos, ¿cuáles de los productos terminados cree usted que tendría mayor aceptación en el mercado estadounidense y por qué?

Temas para discutir o escribir

1. Los efectos producidos por la inflación y la recesión.
2. La importancia de mantener buenas relaciones entre empresa y gobierno.
3. La importancia de mantener buenas relaciones entre empresa y empleados.
4. Beneficios para una empresa si utiliza productos nacionales en sus procesos de producción.
5. Problemas que podrían ocurrir si una empresa depende demasiado de productos importados.
6. La preocupación por el medio ambiente, parte integral de la planificación y la estrategia.

Caso 2:
La United Fruit Company (UFC) y la Maranhão Development Corporation (MDC)

Caso 2: La United Fruit Company (UFC) y la Maranhão Development Corporation (MDC)

Enfoque principal: Análisis de mercadeo

Introducción

Este caso resulta sumamente interesante no sólo por la cantidad de información que suministra sobre las condiciones geográficas y sociales del lugar (Maranhão, Brasil) donde se piensa desarollar el proyecto, sino también por la originalidad de la iniciativa que un joven empresario presenta a una importante empresa multinacional como proyecto de inversión.

Los estudiantes serán llevados a evaluar los elementos necesarios a incluir en todo análisis de mercado y cómo éstos se utilizan en la estructuración de una propuesta de inversión. La decisión a tomar da cabida a una discusión entre los estudiantes, quienes deberán considerar tanto los intereses de la empresa multinacional como los intereses locales. Es importante notar que, aunque este caso tiene lugar durante la década de 1970, la situación económica del estado de Maranhão no ha cambiado mucho desde entonces. Éste sigue siendo uno de los estados más pobres de Brasil. He aquí otro tema que puede tenerse en cuenta durante la discusión del caso.

Historia

En julio de 1969, el presidente de la UFC de Boston, Herbert C. Cornwell, tenía que decidir si presentaría o no una propuesta para una inversión en Maranhão, Brasil, a su junta directiva. Por aquel entonces, la propuesta para crear la MDC acababa de serle presentada por Benjamin N. Plum Jr., un recién egresado de la Harvard Business School, y por William J. Nagem, un empresario brasileño de textiles.

La MDC

La MDC fue organizada para promover el desarrollo rentable de un número de recursos naturales y humanos de Maranhão, un estado pobrísimo en el noreste del Brasil. Con una capitalización total de US$8.5 millones (US$2.5 millones de la UFC), la MDC necesitaba el 70% de los fondos para construir una fábrica de textiles sintéticos en la ciudad capital de São Luis y el 30% para un complejo de proyectos agrícolas en el interior del estado. Tal complejo de proyectos consistía de una fábrica para producir aceite vegetal (extraído de las nueces de la palma de babasú), una desmotadora de algodón, un trillo de arroz y un programa de desarrollo comunitario, cuyo objetivo era organizar y adiestrar a 1.000 familias campesinas a fin de que cambiaran su agricultura de subsistencia por una comercial y fueran capaces de sembrar las cosechas asociadas con los procesos antes descritos. Eventualmente, los campesinos tendrían participación en la MDC.

La UFC desde 1899

La UFC fue constituida en 1899 como resultado de una fusión entre la Boston Fruit Co., una pequeña firma importadora de plátanos jamaicanos, y los intereses de Minor Keith, un ferrocarrilero fanfarrón y cultivador de plátanos en Centroamérica. Para 1910, y como resultado de las fuertes expandidas de suministros y áreas de mercados adicionales, producidas por la fusión, la UFC había capturado más del 75% del comercio bananero de Norteamérica y Europa, a pesar de que existían muchas firmas competidoras.

En los 40 años siguientes, la UFC se convirtió en una de las compañías más grandes del mundo, llena de tradición y saber. La compañía construyó la famosa Gran Flota Blanca de vapores refrigerados, estableció la primera red de radio comercial marítima (para comunicarse con los vapores) y manejaba cientos de millas de ferrocarriles a través de la jungla de América Central para llevar las frutas frescas a las instalaciones porturarias de la UFC, desde donde la flota transportaba la fruta a los mercados del mundo. Durante la Gran Depresión (1929-1939), el pintoresco Samuel Zemurray, quien anteriormente había financiado el movimiento que derrocó al gobierno hondureño para obtener concesiones para su Cuyamel Co., fusionó su compañía con la UFC. Su celo empresarial condujo a la compañía a través de los precarios años de la década de 1930 con un buen precio de **acciones** y ventas apenas reducidas. Sin embargo, la UFC perdía constantemente participación de mercado a manos de muchas compañías que habían entrado en el muy rentable negocio del banano. Después de la segunda guerra mundial, la UFC tenía menos del 30% del mercado.

Los últimos años de la década de 1950 fueron una época de crisis para la UFC. La compañía, que durante más de 50 años había dependido de la variedad del banano conocido como Gros Michel, comenzó a sufrir fuertes pérdidas de cosechas en sus plantaciones debido a la Plaga Panamá y a los huracanes. Además, los competidores comenzaron a instalarse en el Ecuador, un país que exigía mucha menos inversión tanto en viviendas como en instalaciones sanitarias y educacionales para los obreros que la inversión exigida por los países de Centroamérica a la UFC. Estos hechos permitieron a los competidores hacer reducciones de precio bastante considerables. La UFC reaccionó introduciendo el banano Valerie de bajo crecimiento y resistente a las plagas. El banano Valerie se comercializó bajo la marca 'Chiquita' para dar lugar a precios más altos y se diversificó con la introducción de otros productos alimenticios. Las ganancias por acción de la UFC habían llegado a un mínimo de US$0.26 en 1964, pero para 1968 éstas se habían elevado a US$3.80. Debido a su fuerte **balance**, la compañía se convirtió en el blanco de ofertas para controlarla y, a finales de 1968, se transformó en **subsidiaria** del **conglomerado** AMK Corporation de Nueva York.

Aunque la gerencia continuamente ponía énfasis en otras actividades, en 1969 los bananos todavía eran responsables del 60% de las ventas de la UFC. Las operaciones bananeras de la UFC consistían de un extraordinario sistema de empresas gigantescas-que variaban desde ferrocarriles y vapores hasta ciudades enteras construidas en la jungla-destinadas exlusivamente a llevar al mercado el frágil banano. La UFC tenía la singular habilidad de poner en uso el capital y la tecnología para producir banano de alta calidad de la tierra y la mano de obra de áreas tropicales subdesarrolladas, y luego empacar, embarcar y comercializar los bananos a través del Atlántico del norte y Japón.

En 1969 la compañía se enfrentaba a un número específico de problemas en Centroamérica, todos los cuales se intensificaron por la resistencia creciente que toda latinoamérica ejercía ante la directa inversión extranjera privada. Durante muchos años los países latinoamericanos habían considerado que su soberanía estaba siendo desafiada por grandes compañías de los Estados Unidos, que influenciaban fuertemente o dominaban completamente sus economías. Las operaciones de extracción de minerales y plantaciones, que tienden a producir colonizaciones extranjeras, han sido especialmente vulnerables a la crítica.

El antagonismo ha girado alrededor de dos premisas. La primera asegura que los negocios norteamericanos se han llevado más de lo que han invertido en países latinoamericanos. La segunda asevera que la empresa privada es filosóficamente sospechosa, si no inmoral. La primera mitad de 1969 fue especialmente turbulenta en América Latina; el gobierno peruano se apropió de las tierras de Grace y de las líneas de la International Petroleum (subsidiaria de la Standard Oil de Nueva Jersey). Además, se registraron violentas reacciones a la serie de viajes realizados por el gobernador Nelson Rockefeller (del estado de Nueva York) a través de América Latina en nombre de la nueva administración del presidente Richard Nixon. En la edición del 3 de julio del Guardian Weekly, Richard Gott comentó: "el nido de avispas alborotado por Rockefeller sirve ... un propósito: advierte a aquellos americanos responsables de la administración de las viejas industrias extractivas que ha llegado su día."

Problema de la compañía: tierras

La posesión de tierras era uno de los problemas que había causado más dificultades a la UFC. Ésta poseía grandes propiedades inmuebles en Centroamérica; la mayor parte de ellas permanecían ociosas. Para asegurar más posesión local de la tierra, la UFC desarrolló un Programa de Productos Asociados a comienzos de la década de 1960. El programa representaba una política totalmente distinta de las políticas anteriores de la UFC. La tierra de la UFC fue entregada a cultivadores locales de banano por medio de ventas, alquileres o arreglos contractuales. La compañía supervisaba las prácticas de cosecha y compraba los bananos ya cosechados.

Para 1969, los embarques de banano bajo el programa oscilaban entre el 25% y el 50% de los embarques totales, reflejando el deseo de la compañía de mantener un equilibrio justo entre el deseo de posesión de la tierra de los nativos y el interés de la UFC de producir bananos de calidad uniforme en su propia tierra. Sin embargo, los resultados del programa estaban lejos de ser ideales. Los productores locales tendían a descuidar las condiciones de trabajo y los servicios sociales y de sanidad; los sindicatos tenían dificultades en organizar a los tabajadores de las plantaciones de banano bajo el programa; la compañía encontraba problemas para hacer observar y mantener los niveles de calidad; y las demandas de los nacionalistas no se veían satisfechas.

Otros problemas

Otros problemas, en ocasiones también relacionados con el asunto de las tierras, eran potencialmente explosivos.

Pueblos de la Compañía: La UFC encaraba un dilema en lo que respecta a sus extensas pero deterioradas instalaciones para la educación, salud y vivienda de sus trabajadores en Centroamérica. La compañía estaba consciente de los problemas de sus pueblos de la compañía, pero se sentía obligada a suministrar a sus trabajadores las instalaciones que de otra manera no estarían del todo disponibles. En 1969, la UFC estaba modernizando sus instalaciones más viejas y había entregado otras a la administración local, incluyendo una de un sindicato de trabajo, SITRATERCO, en Honduras. No obstante, la compañía aún poseía muchas instalaciones obsoletas.

Sindicalización: Las relaciones de la UFC con los trabajadores de las plantaciones variaban. En Honduras tenía relaciones eficaces y cordiales con los trabajadores que formaban parte del sindicato. En Costa Rica no tenía un verdadero contrato de trabajo apoyado por un sindicato. La política de la compañía en 1969 no animaba ni desanimaba la actividad de organizar sindicatos, pero aceptaba los movimientos sindicales legítimos cuando éstos surgían por acuerdo propio.

Consorcio: En parte, para suprimir su imagen tradicional de 'el pulpo' en Centroamérica, la UFC estaba realizando un esfuerzo en nuevas actividades no relacionadas con el banano. Estas actividades eran paralelas al Programa de Productores Asociados en relación con los bananos. No obstante, los horizontes de poco tiempo y el gran deseo de liquidez de parte de los hombres de negocios locales presentaron dificultades a la UFC para encontrar socios locales efectivos para sus esfuerzos de diversificación.

Antecedentes de la propuesta de la MDC

El Sr. Cornwell creía que la empresa privada en general y los negocios norteamericanos en particular podían hacer verdaderas contribuciones al desarrollo socioeconómico en todo el mundo. En el informe anual de la UFC de 1968, Cornwell escribió:

> La realidad es que las enormes complejidades del proceso de desarrollo exigen habilidades y características que son tan naturales para las compañías multinacionales como son antinaturales para el gobierno.
>
> Por lo menos en Latinoamérica resulta evidente que la productividad agrícola creciente es una tarea formidable, relacionada directamente con el círculo de problemas interdependientes de motivación y organización que tanto caracterizan a la región. La baja producción agrícola no es un problema técnico primordial, más bien es un problema de mercadeo, un problema de crédito, un problema de posesión de la tierra, de educación, de esperanza y confianza. En breve, un problema de política y economía, de sociedad y cultura. Su solución exige cambios considerables, si no revolucionarios, en las mismas estructuras del ambiente. Éstos son cambios que el gobierno generalmente no está dispuesto a llevar a cabo, o es impotente para realizarlos.

El Sr. Cornwell creía que era poco probable que la grande y firme organización de la compañía, orientada hacia el banano, tuviese el tiempo o el deseo de experimentar con nuevas formas empresariales y proyectos capaces de realizar los cambios que él creía eran necesarios para el desarrollo de los países subdesarrollados y que, a la larga, serían inevitables. Por tanto, en mayo de 1968 le ofreció al señor Plumb un anticipo de fondos para que lo usara en el verano (después de su primer año en la Havard Business School) en cualquier lugar del mundo menos desarrollado que él escogiese. Su tarea consistía en desarrollar una nueva fórmula y diseñar un proyecto para la inversión de la UFC, que contribuiría a realizar los cambios necesarios para el desarrollo anticipado. Al mismo tiempo, participaría a suministrar un crédito sobre inversión razonable para la UFC. Se daba por sentado que Plumb estaría anuente a dedicar de cinco a diez años después de su graduación a la creación y administración del proyecto sugerido. La subvención de la UFC era una oportunidad única para Plumb, quien no estaba dispuesto a trabajar dentro de una gran burocracia de negocios. Plumb asimismo criticaba lo que él consideraba la falta de atención de los negocios americanos al desarrollo socioeconómico de los países más pobres. Plumb escribió:

> El hambre y la pobreza lentamente están cercando al 20% del mundo que apenas tiene suficiente para comer. La comunidad de negocios norteamericana lo ha notado. La oferta del Sr. Cornwell me intriga porque la considero como una oportunidad para crear un modelo, pequeño pero imitable, que podría demostrar cómo pueden participar rentablemente los negocios para producir un cambio revolucionario en los países menos desarrollados.

Maranhão

Plumb decidió marcharse al atrasado y casi virgen estado de Maranhão. Tenía una gran familiaridad con el Brasil y la lengua portuguesa y estaba particularmente consciente de los problemas de probreza en la región nororiental de ese país. Después de permanecer tres meses allí, consideró que ya poseía un conocimiento razonable de los varios problemas y oportunidades que existían en ese estado.

Entre los veintiséis estados del Brasil, Maranhão es el séptimo en tamaño. Tiene 129.000 millas cuadradas y es un poco más grande que el estado de Nuevo México (EE.UU.).[1] Está ubicado justo debajo del Ecuador, formando una zona de transición entre la densa y lujuriante jungla del Amazonas al oeste y la árida región del este. Debido a que evita los extremos de muy poca o demasiada lluvia (problemas que afligen a los estados situados al oeste y al este respectivamente), Maranhão goza de un buen clima para vivir y trabajar (tiene estaciones lluviosas y secas), así como de un suelo feraz y productivo.

La riqueza relativa de la tierra da lugar a que el 90% de la población de Maranhão (3.750.000 personas) viva en el interior, en una penetración en forma de media luna de aproximadamente 300 millas de tierra adentro, en contraste con los estados que lo rodean, donde la gente se apiña en las ciudades costeras. Sólo unas 200.000 personas residen en la ciudad capital de São Luis. La producción de aceite de babasú y la agricultura de subsistencia son las formas primarias de actividad económica, aunque una ligera industria de consumo está comenzando en São Luis.

Recursos naturales

Plumb descubrió que Maranhão poseía un número de recursos naturales que podían ser explotados y desarrollados. El algodón se cultiva en una pequeña parte del estado. Unas 30.000 toneladas de algodón fueron producidas en 1968, provenientes totalmente de los productores campesinos marginales. Aunque el algodón de Maranhão es de baja calidad y está desmotado y clasificado inadecuadamente, el suelo del estado es suficientemente rico como para producir cualquier clase de

[1] EE.UU.: Estados Unidos

algodón. Como evidencia de ello, hace unos 200 años el Maranhão Colonial comenzó a producir un algodón de tan alta calidad que amenazó al mercado doméstico de algodón portugués. La administración portuguesa del Maranhão Colonial ordenó que se quemara la cosecha. La industria nunca se recuperó. Recientemente, y en vista de la demanda creciente en los programas de distribución de semillas (programas privados y del gobierno), se está logrando un progreso en el aumento de la producción de algodón de Maranhão, pero las instalaciones adecuadas para el desmote están aún por iniciarse.

Maranhão también produce de unas 500 a 600 mil toneladas de arroz por año, casi el 10% de la cosecha brasileña, la más grande en el hemisferio occidental. Al igual que el algodón, el arroz es de mala calidad debido a la mala semilla, al cultivo combinado con otras cosechas y al manejo descuidado. Sin embargo, el noroeste es un importador neto de alimentos y éste crea un constante mercado para el arroz no muy lejos de Maranhão.

En la región existen más de mil millones de árboles de babasú, una palma que da frutos y es nativa de Maranhão y del estado vecino de Piaui. Los árboles de babasú producen nueces del tamaño de un limón que contienen un número de pepitas de las que se extrae un aceite vegetal. Durante años ha existido dentro del Brasil una fuerte y consecuente demanda para el aceite de babasú, pero debido a los **embotellamientos** en la oferta, la demanda nunca ha sido satisfecha. Se estima que, para 1975, unas 100.000 toneladas de aceite al año serán consumidas en Brasil (lo cual representa un aumento en contraste con las 75.000 toneladas que se consumieron en 1968): 1/3 para productos de jabón y 2/3 para aceite de mesa y para cocinar. También se estima que un nivel de consumo dos o tres veces más grande que ése podría mantenerse si se hallara la forma de aumentar el suministro de materia prima, o sea, las pepitas de babasú. Los campesinos todavía producen pepitas por medio de un método primitivo de hacha y mazo. Debido a que existe un gran número de intermediarios entre los campesinos y las fábricas-pequeños tenderos y clasificadores locales-los dueños de las fábricas no pueden hacer sentir un estímulo de precios a nivel campesino. La escasez de las pepitas eleva el precio, pero los altos precios no se reflejan en los ingresos de los campesinos y, por tanto, no generan un aumento en la oferta.

Más de 50 compañías, la mayoría de ellas muy pequeñas, producen aceite de babasú en Maranhão. Estas compañías trabajan a un 40% de capacidad debido a que les falta el capital de trabajo para obtener las pepitas, la materia prima de sus fábricas, durante el tiempo de la cosecha (de septiembre a enero), cuando los precios son bajos. Asimismo, la fuerza de trabajo que suministra las pepitas a las fábricas está malamente organizada y es inestable.

La pesca como industria consiste de sólo unas 20 mil operaciones de un bote, a pesar de la abundancia del salmón de mar, los camarones y la langosta cerca de la costa. Salvo el consumo local, las mejores piezas y tipos de productos marinos son llevados por vía aéra a los mercados de lujo en el sur próspero del Brasil. El obstáculo principal para el desarrollo de una gran industria procesadora de pescado ha sido la falta de energía eléctrica para la refrigeración y la congelación. Las rutas de camiones y los embarques costeros ya están suficientemente desarrollados para transportar los productos de pescado al mercado.

En Maranhão existen grandes bosques de maderas duras magníficas, pero apenas existe una industria maderera. En realidad, tan escasa es la madera en São Luis que se venden las tablas de madera al doble del costo de la materia prima. Plumb se dio cuenta de que se necesitaría una gran operación con equipo pesado y capacidades de transporte para utilizar los recursos de los bosques de Maranhão. Asimismo, estaba consciente de los deseos del Departamento de Vivienda y Desarrollo Urbano de los EE.UU. de aumentar las importaciones de madera, en vez de agotar los bosques del gobierno norteamericano para satisfacer la fuerte demanda actual de productos de madera en los EE.UU.

Maranhão cuenta con más de 250 plantas medicinales conocidas y clasificadas. Sólo unas cuantas están siendo explotadas, y éstas son exportadas principalmente como materia prima. Las plantas medicinales están tan extensivamente distribuidas en los bosques que resulta difícil recogerlas de manera económica, pero una plantación de productos medicinales que suministraría a una planta procesadora local tendría visos de ser completamente factible.

Infraestructura

Durante siglos la falta de infraestructura económica había retardado el desarollo de los recursos de Maranhão, pero para 1968 se estaban completando las vías de acceso, las plantas de energía y un puerto. El vigoroso programa para construir caminos, comenzado en los primeros años de la década de 1960, había hecho posible que existiese comunicación entre São Luis y el interior, sin que importasen las condiciones del tiempo. Unas 120 millas de camino pavimentado entraban hasta el interior, con una ramificación de caminos de grava.

Por primera vez parecía que era factible construir grandes fábricas en São Luis, ya que se podía contar con embarques regulares y eficientes de materia prima procedentes del interior. Además, ahora ya era posible ubicar grandes fábricas en el interior.

En los años 1969-70, por primera vez se contaría con energía eléctrica abundante y barata en Maranhão. Un proyecto hidroeléctrico (Boa Esperança) inauguraría pronto su línea principal de 250 millas a São Luis. El proyecto haría posible que las grandes empresas que usaran electricidad pudieran ubicarse en São Luis y a lo largo de las líneas de energía.

São Luis nunca llegó a desarrollarse en puerto comercial. Aunque la ciudad estaba ubicada en una isla a la salida de cuatro ríos navegables, estaba también rodeada de bancos de lodo. El puerto de Itagui, situado a unas 27 millas de allí, sería inaugurado en 1969-70 con una capacidad de carga de cuatro barcos que prometía facilitar sigificativamente el movimiento de mercaderías. Se esperaba que los barcos llegaran más regularmente a São Luis que en el pasado. Como la mercadería sería manejada a granel, y no poco a poco en pequeños lanchones, los embarques serían tanto seguros como económicos.

Características demográficas

A pesar de estas indicaciones de progreso, la vasta mayoría de la población de Maranhão vive en una pobreza casi total, con un ingreso promedio anual de menos de US$100. Los habitantes son seminómadas que viajan en familia y en grupos aislados de lugar a lugar, cambiando de sitio cada dos años, más o menos. No agregan ninguna ganancia incremental neta a los ingresos familiares de una generación a otra. Al practicar la agricultura de subsistencia por medio de un proceso familiar de cortar y quemar, cada familia a duras penas cosecha suficiente arroz, frijoles y yuca para sobrevivir. Las quemas han agotado los suelos; los campesinos no pueden luchar contra la cantidad de malas hierbas que florecen bajo la abundate lluvia de Maranhão y tienen que abandonar la tierra pocos años después de haberla limpiado laboriosamente. Debido a sus grandes necesidades y a sus pocos recursos, los campesinos constantemente están en deudas con los comerciantes, a quienes jamás esperan terminar de pagar. Esto estimula aún más la migración.

El único contacto que ha tenido el campesino con la economía del dinero ha sido a través de las nueces de babasú, que los hombres recogen y las mujeres y los niños rompen. Los hombres a su vez llevan las pepitas para venderlas en los minúsculos puestos de comercio del interior. Pero lo más probable es que, en vez de venderlas, los campesinos se vean obligados a cambiar las pepitas de babasú directamente por pequeños artículos de consumo a altas y desfavorables tarifas.

Las viviendas de los campesinos están hechas de armazones de estacas con paredes rellenas de lodo. Aunque son suficientemente fuertes para resistir la estación lluviosa, prácticamente carecen de mobiliario y son compartidas con cualquier clase de animal que la familia posea: pollos y un pato, o un cerdo, si la familia es lo suficiente afortunada. La ropa consiste de un sombrero de paja y un taparrabo de tela para los hombres, vestidos haraposos para las mujeres y nada para los niños. Debido al alto contenido de carbohidratos en los alimentos que se consumen y a las sucias condiciones de vida (agua contaminada, falta de zapatos) proliferan los curanderos y no existe un campesino que esté libre de enfermedades (comúnmente, parásitos, malaria, esquistosomiasis, así como tuberculosis, pulmonía, lepra, gangrena y mordeduras de culebra). El analfabetismo entre los campesinos se acerca a un 100%, ya que muy pocos de ellos tienen acceso a las escuelas o la motivación para seguir una educación.

Entre los campesinos existe una estructura de poder fuertemente establecida. Maranhão se divide en municipios, cada uno de los cuales, ya sea solo o en grupo, está presidido por un jefe económico conocido como 'el gran comerciante.' Este controla totalmente la vida económica del municipio, sirviendo de intermediario entre los productores y los consumidores de bienes. Cada 'gran comerciante' tiene una red de comercios que le acarrean babasú, algodón, arroz y otros bienes. El los vende con márgenes bastante altos a los consumidores de São Luis y de otros pueblos del estado, a cambio de kerosene, azúcar, fósforos y docenas de otros pequeños artículos de consumo que él trae de regreso, de nuevo con grandes márgenes, a sus comercios del interior, para que éstos los vendan a los campesinos. Estos comerciantes no son tan despreciados en Maranhão como en los estados áridos del este, donde las ligas de campesinos y la violencia rural (como respuesta a la pobreza) han atraído la atención mundial. En Maranhão su paternalismo es aceptado con un afecto sumiso poco común en las áreas menos aisladas del Brasil.

Incentivos del gobierno para ayudar al desarrollo

Como respuesta a las deplorables condiciones de vida de los habitantes de Maranhão y, claro está, también de los habitantes de todo el noreste del Brasil, la Agencia Federal de Desarrollo del Noreste (AFDN) ofrece incentivos para maximizar el **rédito** de efectivo a las compañías nacionales y extranjeras que inviertan en el noreste. Los incentivos más importantes que ofrecen son los siguientes:

1. La AFDN pone a disposición fondos de participación, normalmente hasta un 50% de capitalización total. Las compañías brasileñas o los individuos pueden depositar parte de sus impuestos anuales sobre la renta en la AFDN a cambio de la oportunidad de utilizar

tales fondos en proyectos de desarrollo aprobados en el noreste. El dinero, llamado 'fondo 34/18,' por el artículo del Decreto que los autoriza, se destina para comprar acciones sin derecho a voto en las nuevas empresas del noreste. Las compañías en Brasil tienen un verdadero incentivo para poner acciones sin derecho a voto en proyectos del noreste, ya que si los depósitos del fondo 34/18 no son usados doce meses después de su creación, éstos son confiscados por el gobierno. En 1969, Plumb observó que había un exceso de dinero en el fondo 34/18 y una escasez de proyectos en que invertirlo.

2. Puede contraerse deuda con el Banco Nacional de Desarrollo Económico (BNDE) a tipos de interés de 15-20% anual, casi igual a la inflación del 20% que Brasil ha estado experimentando últimamente. El capital de deuda del BNDE podría llegar al 50% de capitalización, pero es escaso debido a la fuerte demanda existente.

3. Parte o el total del 33% del impuesto sobre la renta federal no necesita ser pagado durante 10 años. Una cantidad igual a la obligación tributaria inevitable deber ser depositada con el gobierno para reinversión inmediata o a largo plazo en la nueva firma.

A nivel estatal, el joven gobernador del estado, José Sarney,[1] ofrece fuerte apoyo a las inversiones en Maranhão. Sarney, uno de los primeros líderes inclinados hacia el desarrollo en el estado, es un partidario entusiasta de los proyectos que puedan traer capital, tecnología y conocimientos organizacionales a Maranhão. Al igual que muchos dirigentes latinoamericanos, sin embargo, él critica el papel que desempeña la inversión extranjera privada directa, especialmente porque él es el primer gobernador moderno de Maranhão y su electorado incluye a más campesinos que oligarcas. Su período termina en octubre de 1970 y, aunque por ley Sarney no puede ser reelegido, Plumb estaba convencido de que Sarney sería un aliado extremadamente útil mientras ejerciera su cargo: se podría contar con Sarney para que concediera reducciones en el impuesto estatal de valor agregado, disminuyera la burocracia gubernamental y pusiera presión sobre los oficiales federales para que aprobasen cualquier proyecto que comenzara a desarrollar algunos de los recursos de Maranhão. Además, Sarney tenía el poder de conceder allí grandes áreas de tierra virgen, libre de costo, a cualquier urbanizador que estuviese de acuerdo en hacer mejoras mínimas, como caminos de tierra y pozos de agua fresca, durante el primer año de posesión.

Liderazgo

En sus reuniones en Maranhão con oficiales gubernamentales locales y con empresarios y sacerdotes extranjeros y brasileños, Plumb se sintió desanimado por el bajo nivel de competencia y motivación de muchas gentes de Maranhão. Aparte del gobernador, a Plumb le impresionaron dos personas. Una de éstas era William J. Nagem, un empresario de textiles que nació y se crió en São Luis. Nagem había estudiado tecnología de textiles en Inglaterra durante los primeros años de la década de 1950. Luego regresó al Brasil para comenzar su pequeña operación textilera de la nada. Nagem había usado su conocimiento tecnológico para competir sobre una base de produccción de

[1] Tras ser nombrado gobernador y senador del estado de Maranhão, José Sarney llegó a ser presidente del país.

bajo costo, márgenes estrechos y alto volumen. En doce años se había convertido en el líder de más influencia en la pequeña comunidad de negocios de São Luis.

Nagem era antiguo compañero de colegio y amigo de confianza del gobernador Sarney y, debido a los años de ayuda técnica y financiera que Nagem prestaba tanto a sus competidores como a sus conocidos, prácticamente todas las personas de influencia en São Luis habían contraído deudas con él, sea en términos de dinero o de gratitud. Cuando Plumb lo conoció, Nagem estaba manejando su propia fábrica, además de una que el gobernador le había pedido que administrara, sin recibir pago alguno, para que los obreros pudieran retener sus trabajos. Nagem creía firmemente en el futuro de Maranhão; por ello había rechazado ofertas de empleo en grandes fábricas del país.

El otro individuo que impresionó a Plumb fue el Padre Edmond Pouliot, un sacerdote canadiense que había estado trabajando en el interior de Maranhão durante más de siete años. Tras dejar el seminario en Montreal en 1957, Pouliot recibió entrenamiento adicional en el Canadá y Brasil antes de que le enviaran a un remoto pueblo en el interior de Maranhão en 1961. En ese lugar, además de administrar programas de construcción patrocinados por la Iglesia para caminos y edificios, había desarrollado un método singular de organizar y motivar a los campesinos para que formasen grupos de autoayuda. Los campesinos fueron educados para que tuvieran conciencia de su pobreza y hambre. Además, fueron convencidos de que tenían que organizarse a fin de combatir contra su condición, esencialmente mediante un proceso lento y largo de 'auto inventario.' Pouliot vivía en São Luis desde que había sido ascendido a coordinador de los programas de doce parroquias, pero Plumb creía que Pouliot estaba ansioso de encontrar un trabajo más desafiante, o bien en el interior de Brasil o bien en el Canadá.

La propuesta de Plumb: la Maranhão Development Corporation

Después de analizar el ambiente de Maranhão, los recursos disponibles y las oportunidades y objetivos de su misión, Plumb proyectó un plan para una compañía de fomento integrada y multifacética que se ocuparía tanto de la agricultura como de la industria en el campo y en el pueblo. Los componentes de la MDC serían:

1. una nueva fábrica de textiles sintéticos en São Luis.
2. una nueva comunidad y organización campesina (Vento Livre) que estaría ubicada en 125.000 acres de tierrra a varios cientos de millas tierra adentro de São Luis.
3. una fábrica en Vento Livre para procesar algodón, arroz y nueces de babasú, cosechadas en la nueva comunidad o traídas de áreas circundantes.

Willian Nagem sería el presidente de la MDC. Plumb actuaría como director gerente por un período limitado de tiempo (probablemente de cinco años). El Padre Pouliot sería jefe del Proyecto de Desarrollo de la Comunidad de Vento Livre (PDCVL).

La fábrica de textiles

Plumb creía que la fábrica de tejidos constituiría la parte más segura y rentable de la empresa por varias razones:

- En Maranhão existía el suministro adecuado de obra semiadiestrada y el algodón en rama. Los textiles podrían producirse a costos mucho más bajos que en São Paulo o en cualquiera otra parte del Brasil. El suministro de algodón podría ser mejorado e incrementado significativamente cuando la operación de Vento Livre estuviese funcionando.
- Fuera del sur del Brasil no existía una fábrica que produjese telas sintéticas. Aunque se planeaba instalar una fábrica para el noreste en Recife, la ubicación de São Luis le daría a Vento Livre un acceso casi ilimitado a las áreas de mercado entre el norte y el noreste, las cuales cuentan con una población total de más de diez millones de habitantes.
- El proyecto de energía hidroeléctrica que estaría terminado para 1969-70 haría que los costos de energía en São Luis fueran tan bajos como en cualquier otra parte de Brasil.
- La industria textilera de Brasil estaba altamente fragmentada, con compañías individuales concentrándose en etapas particulares del proceso de producción (hilado, tejido, teñido o acabado). Una fábrica integrada que cultivara su propio algodón reduciría o eliminaría los márgenes de utilidad de los intermediarios y cobraría precios más bajos.
- El éxito de Nagem se debía a su habilidad para ofrecer calidad y servicio comparables a precios más bajos que las tarifas predominantes. Su eficiencia y su filosofía de negocios contrastaban con las prácticas de los productores de São Paulo, cuyo alto margen y bajo volumen colocaban a Nagem en posición de aventajarlos en su propio mercado mediante la reducción de precios. Su talento gerencial era decisivo para la empresa.

La nueva fábrica propuesta produciría anualmente unos 7.5 millones de metros de tela para ropa de hombres y mujeres. El producto principal sería una tela sintética (con el 65% de poliéster y el 35% de algodón) que estaba siendo ampliamente aceptada en Brasil, debido a que el consumidor prefería telas livianas. La fábrica, que necesitaría año y medio para construirse y comenzar a trabajar, emplearía a unos 304 trabajadores. El algodón desmotado sería suministrado exclusivamente por la desmotadora de la MDC en Vento Livre. El poliéster sería fletado desde el sur, o se compraría a una nueva instalación ubicada en Fortaleza. Las materias primas serían convertidas en la tela sintética y embarcadas al norte, noreste y sur del Brasil por fletadores independientes.

La competencia en la industria se basaba en el precio principalmente. Plumb creía que la fábrica en São Luis reduciría los costos y, por ende, podría dársele a la mercadería precios muy por debajo del nivel general. Aunque se necesitaba una información de mercado más completa antes de que los fondos fuesen comprometidos realmente, una fábrica del tamaño planeado usaría menos del 1% del algodón usado para fabricar telas en todo el Brasil. Nagem observó que la presente demanda excedía su capacidad actual para producir telas 100% de algodón y que la fuerte demanda de telas sintéticas en el norte y en el noreste se satisfacía por medio de camionadas de importaciones de productores del sur a costos relativamente más altos.

La fábrica costaría aproximadamente US$6.000.000 y se esperaba un rédito de flujo de efectivo neto de un 35% sobre el capital en la fábrica al cuarto año de operaciones. Los costos esperados habían sido inflados en un 25% y los niveles de precios esperados habían sido reducidos en un 33% a fin de obtener el proyectado 35% de rédito sobre inversión.

Aunque la fábrica de textiles tenía visos de ser una inversión extremadamente lucrativa, los objetivos de Plumb-y los de Nagem, Pouliot, Sarney y otros-iban más allá del sólo establecimiento de una empresa generadora de proyectos. En un esfuerzo por involucrar directa y rentablemente a la empresa privada en el círculo de problemas de cierre que tenía atrapados a los campesinos de

Maranhão en su pobreza, Plumb propuso que la fábrica de textiles fuese parte de la Maranhão Development Corporation. Inicialmente, la MDC se concentraría en las empresas de babasú, algodón y arroz, tres empresas productoras de ingresos que podrían mantener un programa de desarrollo comunitario independiente en el interior. En los años futuros, la MDC estaría libre para desarrollar una amplia gama de recursos en el estado.

La desmotadora de algodón y el trillo de arroz

Principalmente, la operación del algodón consistiría de tres desmotadoras. La planta emplearía a trece personas y comenzaría sus operaciones después de que hubiese establecido comunicación con los proveedores locales de materia prima. Inicialmente, cerca del 40% de la materia prima sería traída de sitios remotos por camiones de la fábrica, mientras que el resto de la materia prima y toda la mercadería acabada sería fletada por embarcadores locales. Con el tiempo, la comunidad misma de Vento Livre produciría porciones crecientes de algodón.

El trillo de arroz emplearía a once personas y consistiría principalmente de una desgranadora y una secadora. Inicialmente, aproximadamente el 50% de su materia prima sería recogida en los puestos de los proveedores por camiones de la compañía. Con el tiempo, el 100% de la materia prima sería suministrada por la producción de campesinos de la MDC, mediante un programa de desarrollo comunitario. Aproximadamente la mitad de la producción de la fábrica sería vendida en la fábrica a los consumidores del noreste que proporcionarían su propio transporte, mientras que la otra mitad sería fletada al oeste y al sur por transporte comercial.

Plumb creía que, a corto plazo, la MDC estaría en posición de usar artículos de capital, tales como camiones, instalaciones de almacenaje y secado y un nuevo equipo de procesamiento, para incrementar tanto la calidad como la cantidad del arroz y el algodón producidos. A largo plazo, esperaba que el programa de desarrollo comunitario pudiera racionalizar la producción campesina de ambas cosechas, a fin de que al mismo tiempo pudieran hacerse mejoras significativas en la fase de la siembra.

Babasú

Inicialmente, la fábrica de aceite de babasú de la MDC estaba proyectada para producir unas 6.000 toneladas de aceite y unas 3.400 toneladas de conglutinado, un derivado del proceso de producción, vendido como alimento para ganado en Europa. Plumb propuso doblar la capacidad de la fábrica en un período de dos años. Una flota de 14 camiones sería mantenida para transportar las pepitas, el aceite y el conglutinado; en la fábrica trabajarían unos 28 hombres, todos ellos obreros no adiestrados, con excepción de los capataces y los encargados de mantenimiento.

Las ventas se realizarían por cable, usando agentes de la MDC (en Río de Janeiro para el aceite y en Alemania del Occidente para el conglutinado), con una comisión de 11% sobre las ventas. Aunque las ventas del conglutinado eran pequeñas en comparación con las del aceite, todos los ingresos recibidos por el conglutinado serían en la forma de valiosas **divisas extranjeras** (marcos alemanes), un factor que Plumb sabía que sería bienvenido por las autoridades federales, quienes siempre estaban necesitando divisas extranjeras fuertes.

Plumb creía que la fábrica de babasú de la MDC podría obtener un suministro confiable de nueces, debido a su capital de trabajo proyectado, su ubicación y su organización campesina. Podría financiar un inventario de materia prima para largos períodos, comprando fuera, siempre que el precio fuese bajo, y usando cada vez más los suministros ya existentes en tierra de Vento Livre. Plumb creía que el suministro de pepitas de la MDC sería de bajo costo, ya que la fábrica planeaba reducir los costos de embarque al mantener su propia flota para transportar las pepitas a la fábrica y el aceite refinado al puerto de São Luis. Unos 20.000 acres del sitio propuesto contenían herbajes de árboles de babasú silvestres. (El árbol nunca había sido cultivado en plantaciones.) La ubicación de la fábrica en el interior debería permitirle establecer estrechas relaciones económicas con los intermerdiarios en la cadena de recolección.

A largo plazo, Plumb sabía que la MDC tendría la ventaja de usar la competencia financiera y técnica de la UFC para inventar una máquina para romper nueces de babasú. Existían máquinas que eran técnicamente capaces de romper las duras nueces y extraerles las pepitas, pero su costo de operación era tan alto que la producción campesina aún constituía la manera más económica de obtener las pepitas. Con una máquina, la MDC podría llenar la demanda insatisfecha de aceite de babasú en el mercado brasileño. También podría bajar el precio internacional del aceite, al menos lo suficiente como para venderlo por primera vez en el mercado mundial en grandes cantidades.

El programa de desarrollo comunitario

Estos tres proyectos fueron diseñados para suministrar más que el suficiente apoyo financiero al Programa de Desarrollo Comunitario de Vento Livre (PDCVL), que tenía el objetivo de cambiar las actitudes y costumbres de 1000 familias campesinas, haciéndolas pasar de la subsistencia individual a la producción con fines de lucro, usando como vehículo de cambio la acción colectiva rentable para los campesinos. Plumb propuso que un personal de apoyo de 76 personas empleadas a tiempo completo-que serían especialistas en sanidad, alfabetización, economía doméstica, organización comunitaria y agricultura-motivara y organizara a los campesinos de Vento Livre para realizar el cambio. Encabezados por el Padre Pouliot, quien ya había obtenido el permiso de su arzobispo para trabajar con la MDC, el PDCVL emplearía los siguientes métodos generales para modificar las actitudes de los campesinos:

- Fijar los campesinos a la tierra, para que cesara el proceso antieconómico y destructivo de migración. A los campesinos se les venderían 75 acres de tierra de labranza a un costo nominal.
- Proporcionar a los campesinos sólo las instalaciones mínimas que ellos no pudieran proporcionarse a sí mismos. La MDC suministraría sólo detalles de infraestructura como caminos e instalaciones de sanidad y agua, dejando que los campesinos consiguieran el resto mediante la acción del grupo a fin de acabar con las actitudes de dependencia del paternalismo que predominaban entre los campesinos.
- Actuar para cambiar todas las áreas de la vida campesina simultáneamente mediante un proceso lento en el cual sus lazos con sus iguales constituirían el vehículo para el cambio.

El proyecto estaría ubicado en 125.000 acres de tierra obtenidos gratuitamente del gobierno de Maranhão. Su ubicación quedaba a unas 135 millas por aire y a unas 225 millas por tierra al suroeste de São Luis.

En su mayor parte, la tierra estaba deshabitada y abundaban las palmas de babasú, lo mismo que los suelos adecuados para cultivar el arroz y el algodón. El uso de la tierra se distribuiría así: 75.000 acres estarían activos, con 50.000 mantenidos en reserva para ser cultivados más adelante. Los 75.000 acres activos estarían alrededor del centro, donde se ubicarían las fábricas de algodón, arroz y babasú. Los 75.000 acres estarían divididos en cinco núcleos de 15.000 acres cada uno; un núcleo mantendría a 200 familias, a 75 acres por familia. El primer núcleo sería creado en 1970 y uno más sería creado cada año después del primero. Aunque Plumb se daba cuenta de que, desde un punto de vista puramente económico, la tierra se usaría más eficientemente empleando el sistema de plantación, estaba aún más consciente de las ventajas sociales y organizacionales que acompañaban a la posesión campesina de propiedades de tierra individuales. Tanto para satisfacer los deseos de los campesinos de tener su propia tierra como para obtener un grado de influencia sobre las actitudes de los campesinos, él hizo planes para que la mayor parte de la tierra en Vento Livre fuese dividida en parcelas individuales, según la manera descrita anteriormente.

Se esperaba que la Internacional Development Foundation (IDF) de Nueva York proporcionara el adiestramiento y la asistencia de organización al PDCVL y al Padre Pouliot. La IDF era un grupo de desarrrollo internacional privado que se especializaba en la administración, organización y entrenamiento empresarial para los campesinos en Latinoamérica y Asia. La IDF se había creado experiencia en la selección y adiestramiento de Entrenadores/Organizadores Campesinos (E/O), usando instrumentos de enseñanza modernos, tales como casos, juegos, diálogos socráticos y actuaciones filmadas y grabadas. A su tiempo, se alentaba a los E/O para que establecieran cooperativas y otras instituciones necesarias a fin de que los campesinos pudieran absorber exitosamente los insumos técnicos y económicos.

El proyecto de Vento Livre fue diseñado de manera que pagase un 60% de sus propios gastos después de aproximadamente cinco años. A medida que los campesinos aumentasen su producción de arroz y algodón, ellos generarían un ingreso incrementado de efectivo para ellos mismos, parte del cual sería canalizado por su cooperativa para comprar acciones de la MDC.

Eventualmente, los campesinos, individualmente o a través de su organización comunitaria, poseerían una porción considerable de la MDC. De cinco a diez años los campesinos estarían produciendo suficiente arroz y algodón para satisfacer casi todas las necesidades de materias primas de la desmotadora de algodón y el trillo de arroz de la MDC, y como grupo poseería el 5-10% de las acciones de la MDC.

Plumb se daba perfecta cuenta de que el éxito o fracaso de la MDC dependía principalmente de la calidad del equipo gerencial que pudiera reunir. Al respecto, se consideraba afortunado de poder contar con Nagem, quien estuvo de acuerdo en ser presidente de la MDC. Además de su competencia textilera, Nagem tenía experiencia en manejar las desmotadoras de algodón y las operaciones de trillado de arroz y de extracción de aceite de la semilla del algodón. Nagem estaba seguro de que él podía reclutar gerentes competentes en el mismo Maranhão para que manejaran las fábricas ubicadas en Vento Livre. Sin embargo, observó que tendría que pagar altos salarios para poder persuadir a una competente gerencia textilera a mudarse de São Paulo a São Luis. Nagem controlaría todos los fondos de la MDC. Pouliot estuvo de acuerdo con esto por el respeto mutuo que ambos individuos tenían hacia sus capacidades respectivas, algo que había surgido de una amistad que ya duraba cuatro años. Nagem también supervisaría las actividades del encargado de la administración, de quien se esperaba que suministrara continuidad con los procedimientos de control de la UFC. Plumb vio que sus propias funciones eran las de organizar y guiar toda la política de la MDC durante sus primeros años, suministrar un enlace entre la UFC y la gerencia norteamericana de la MDC, además de asumir responsabilidad en toda la línea para la MDC por un período de por lo menos cinco años.

La MDC representaba una inversión de US$ 8.500.000 que sería financiada así:

Fuente	%	Cantidad (US$)
Inversiones del fondo 34/18	40	3.400.000
Participación UFC	30	2.550.000
Deuda: Banco Nacional de Desarrollo Económico	20	1.700.000
Inversionistas activos brasileños	10	850.000
Total	**100**	**8.500.000**

La inversión brasileña de los fondos de depósito de impuestos del artículo 34/18 sería una participación de **acciones preferidas** sin derecho a voto. Se vendería en combinación con las **acciones comunes** a la razón de cuatro a uno, como aparece en el cuadro, a fin de asegurar la participación activa de los inversionistas brasileños. Se esperaba que estos inversionistas fuesen grandes compañías de influencia en el sur y que, además del capital, pudieran suministrar influencia política, ayuda técnica o habilidad de mercadeo.

En vista de los altísimos impuestos brasileños sobre ganancia repartida, Plumb pensó que sería razonable que la UFC consolidara el ingreso después de impuestos de la MDC en la extensión de las actividades de la UFC en Brasil. Debido a que él creía que era práctico extender los comienzos de las varias actividades de la MDC a través de tres años, el reembolso sería de seis años bajo un cálculo de flujo de efectivo neto.

En las proyecciones de ganancia se había tomado en cuenta la inflación (a una tasa de un 30%) y las pérdidas acumuladas en 1970 y 1971 se habían capitalizado. Sobre una base total, la MDC se equilibraría en aproximadamente el 30% de la producción a capacidad planeada. A esta capacidad, las ventas excederían los US$32.000 por empleado.

Decisión

Después de la exposición realizada por Plumb y Nagem, quien había viajado en avión de São Luis a Boston cubriendo los gastos él mismo, el Señor Cornwell tenía ante sí un número de cuestiones inmediatas: ¿Debería él presentar la propuesta de la MDC a su Junta Directiva? ¿Cómo podría él ajustarse mejor a la MDC con la UFC? En cuanto a esta última cuestión, existían varias posibilidades. El Señor Cornwell podría ajustarse mejor a la MDC (con la UFC) como:

- Una parte integral del sistema existente
- La primera empresa de un posible grupo empresarial de desarrollo nuevo
- Una compañía independiente en la cual la UFC tendría una representación dominante en la junta o de alguna otra manera, todavía por delinearse

El Señor Cornwell estaba consciente de que la UFC había estado gastando US$55-60 millones al año en inversión en negocios en marcha y en reemplazo de flota. Se le estaba dando consideración a la inversión en actividades no bananeras en los campos de verduras frescas y procesamientos de alimentos en las naciones de Norteamérica y Europa.

Términos de gerencia

Acción (acción común): Participación en una empresa que adjudica ciertos beneficios y derechos en términos establecidos por la misma empresa que los emite.

Acción preferida: Acción otorgada a mayor precio pero a mejores condiciones para inversiones más importantes. Puede tener o no derecho a voto.

Balance: Cuenta que sirve para mostrar el estado financiero de una empresa tomando en consideración los activos y pasivos.

Conglomerado: Agrupación de industrias importantes, vinculadas entre sí por capital e intereses comunes.

Divisa extranjera: Dinero extranjero.

Embotellamiento: Un obstáculo o una paralización de un proceso. Utilizado en este caso, se refiere al obstáculo en la oferta, es decir, que el proceso de producción se encuentra en letargo o retraso en cuanto al ritmo de la demanda.

Liquidez: Término que se refiere a la existencia de efectivo, moneda o solventabilidad.

Rédito: Interés.

Subsidiaria: Una compañía poseída y controlada por otra.

Preguntas

1. ¿En qué consiste la propuesta de Plumb? ¿Cuáles son los elementos que sustentan dicha propuesta?

2. ¿Qué opina usted de la estrategia de la UFC al entrar en el mercado brasileño?

3. ¿Cuál diría usted es el objetivo de la propuesta de Plumb?

4. A la luz de la evolución de los mercados internacionales y de las propias multinacionales, ¿cree usted que éstas deban utilizar su poder económico, colaborando en parte al avance de países en desarrollo?

5. ¿Cuál cree usted que será la actuación de las multinacionales ante los problemas que acosan a estos países? ¿Qué factores deben tener en cuenta? ¿Qué conflictos (éticos, morales, sociales, culturales, políticos u otros) deben estar preparadas a asumir?

6. ¿Qué aconsejaría usted al Sr. Cornwell? ¿Presentar el proyecto...
   - ante la Junta Directiva de la UFC como la primera empresa de un posible grupo empresarial que enfoca la inversión de manera distinta?
   - como una compañía independiente en la cual la UFC tendría una representación dominante en la junta?
   - de alguna otra manera? ¿Qué otra información incluiría usted?

Temas para discutir o escribir

1. Programas de desarrollo en una región pobre.

2. Los efectos de la competencia en un mercado internacional.

3. Los 'Pueblos de la Compañía' en los EE.UU.

4. La historia de la UFC en Brasil (o en otros países latinoamericanos) durante los últimos años.

5. El 'desarrollo sostenible' es aquel proceso de desarrollo que satisfaga las necesidades de las generaciones presentes sin comprometer las necesidades de las generaciones futuras. ¿Qué opina usted del concepto de 'desarrollo sostenible' y en qué medida cree usted que éste afecte el papel de las multinacionales en el futuro próximo, sobre todo a la luz de los problemas ambientales existentes?

Caso 3: Perdue Farms Incorporated

Caso 3: Perdue Farms Incorporated

Enfoques principales: Planificación, mercadeo y distribución

Introducción

Este caso subraya la importancia de hacer hincapié en los aspectos de planificación, mercadeo y distribución al entrar en un nuevo mercado. El estudiante aprenderá también los métodos usados por una empresa bien establecida que quiere diversificarse. Además, los datos ofrecidos a continuación pueden constituir una buena base para el estudiante que quiere estudiar la historia y desarrollo de esta empresa, Perdue Farms Incorporated, en los últimos años.

Breve historia del asunto

A finales del verano de 1976, Don Mabe, vicepresidente ejecutivo de Perdue, telefoneó al segundo 'Controller' de la división, Mike Moriarty, diciéndole: "Mike, quiero que tomes la decisión sobre si debemos entrar o no en el campo de los perritos calientes." Moriarty, un joven empleado con un buen futuro en la empresa, empezó a buscar la información necesaria para decidir la posible entrada de Perdue en ese campo, que supondría la primera incursión de la compañía en el segmento de alimentos procesados. Un mes después, Moriarty seguía indeciso. Aunque estaba convencido de que Perdue podía producir un perrito caliente de calidad superior (hecho de pollo, no de carne de vaca), no estaba seguro de la demanda potencial para el mismo. Era posible que la producción interna de pollos en Perdue no fuera suficiente para abastecer toda la demanda, con lo que sería necesario realizar compras fuera de la empresa. Además, Perdue sólo podía realizar una etapa del procedimiento en sus instalaciones. La empresa no disponía de capacidad para hacer el procesado final de los perritos calientes y, por tanto, dependería de otras empresas de alimentos preparados.

A Moriarty le preocupaba también que los costos publicitarios hicieran irrealizable el proyecto, si las proyecciones de la agencia pubicitaria eran correctas. Tampoco estaba seguro de cuál sería la mejor opción: anunciar el nuevo producto como algo totalmente nuevo, o intentar promocionarlo como una alternativa a los perritos calientes hechos de carne de vaca. Además, Moriarty quería proteger la reputación e imagen de Perdue y se preguntaba si una línea de perritos calientes podía perjudicar dicha imagen de calidad.

Historia de la empresa

Arthur W. Perdue fundó Perdue Inc. en 1920 para vender huevos incubados a granjas avícolas de las cercanías de Salisbury, en Maryland. En 1933, el hijo de Arthur, Frank, empezó a trabajar en la empresa a la edad de 19 años; diez años más tarde se convirtió en su presidente.

Desde principios de la década de los 40, Perdue se había ido **integrando verticalmente**, intentando evitar los efectos cíclicos de la industria avícola. En 1941, Perdue empezó a producir piensos a fin de tener una fuente interna de alimentación para sus pollos. En 1943, se añadió la primera incubadora. Entre 1958 y 1961 se construyeron instalaciones para obtener piensos a partir de la soja y otros ingredientes. En 1971, la venta de pollos representaba el 100% de las ventas de la compañía.

Esta integración hacia atrás se complementó con una estrategia comercial basada en la diferenciación del producto y publicidad al consumidor. Dicha estrategia no tenía precedente en la industria avícola. Perdue desarrolló un pollo físicamente diferenciado con distinto color, carne más blanda y mayor cantidad de carne por pollo. Estas características fueron resultado del régimen alimenticio desarrollado por los científicos de la empresa. Los consumidores podían comparar el color amarillo dorado del pollo Perdue con el color mucho más pálido de los pollos producidos por otros procesadores. Los pollos Perdue solían ser más blandos porque no se congelaban ni durante su preparación ni en su transporte. Muchos consumidores decían que estas características contribuían a que el pollo Perdue tuviera un mejor sabor. Estos pollos se distinguían también por el logotipo colocado en las alas que destacaba el nombre Perdue en grandes letras rojas y ofrecía la devolución del dinero si los clientes no quedaban satisfechos.

Los ejecutivos de Perdue habían establecido controles de calidad muy estrictos, llevando su mensaje de calidad a los consumidores mediante publicidad muy intensa en televisión y radio. Frank Perdue aparecía en estos anuncios, hablando de una forma muy personal sobre su preocupación por la calidad de los pollos. La tasa de publicidad sobre ventas de Perdue era la más alta de todo el sector avícola.

Esta estrategia comercial permitía a Perdue obtener precios más altos a nivel de **detallista**, contribuyendo a que la empresa tuviera mayores beneficios cada año desde su fundación. Según observadores del campo, Perdue tenía un crecimiento por encima de la media del sector.

Distribución

La estrategia comercial de la empresa, basada en diferenciación física y de calidad, la llevó a buscar puntos de venta en los que la competencia no se hiciera en base a los precios, como, por ejemplo, pequeños colmados independientes y pollerías. Dichos puntos se encontraban con mayor frecuencia en la zona nororiental de los Estados Unidos y en ciudades como Boston y Nueva York. En 1976, las ventas de Perdue se concentraban en dichas áreas urbanas, a través de unos 40 o 50 distribuidores independientes que distribuían productos avícolas de distintos fabricantes con un margen de unos 3 centavos por libra. Pensando en el futuro, algunos ejecutivos se preguntaron si convenía seguir limitando la distribución a dichos puntos. De esta forma se limitaba el crecimiento, especialmente si se consideraba que la participación de la empresa en los mercados de Nueva York y Boston (15%) estaba cercana a la penetración máxima que podía conseguirse con los canales utilizados. El crecimiento futuro debería venir probablemente de otros canales como, por ejemplo, los supermercados.

La entrada en supermercados representaba dos problemas. En primer lugar, éstos tenían una **rentabilidad** menor debido al aumento de sus costos operativos, a la intensidad de la competencia y a que los consumidores tendían a comer cada día más en restaurantes de tipo 'fast food.' Los supermercados reaccionaban ante esta amenaza competitiva ampliando sus líneas de productos y ofreciendo productos no alimenticios, además de los productos alimenticios preparados, que les daban mayores márgenes de ganancia. Una segunda preocupación de los ejecutivos de Perdue en cuanto a los supermercados era el empaquetado y la distribución. Sus pollos se facturaban en cajas de madera o cartón cubiertas con hielo. Con este método se conseguía mantener los pollos sin congelarlos, aspecto que resaltaba en la publicidad de Perdue. Cuando los productos llegaban al departamento de pollería del colmado, los pollos se sacaban de la caja y se empaquetaban o bien enteros o bien troceados. Otras empresas de pollos preparados los vendían ya preenvasados, ahorrándoles a los detallistas el costo de mano de obra de las operaciones de cortado y empaquetado. Perdue no estaba equipada para hacer este preembalaje en sus fábricas y sus ejecutivos cuestionaban la posibilidad de que esta falta de capacidad afectara la entrada en los supermercados.

El perrito caliente de Perdue

Perdue empezó a pensar en alimentos procesados como respuesta a una tendencia del sector que iba dependiendo cada vez menos de la carne de pollo. Una revista especializada comentaba: "Si hay alguna tendencia que se ve clara en la industria avícola, ésta es la diversificación de producto y de empresa." Uno de los principales competidores de Perdue, Tyson's Inc., había establecido una importante línea de alimentos procesados. Otros competidores, Bayshore y Longacre, ya estaban comercializando perritos calientes de pollo. Holly Farms había establecido su propia cadena de tiendas "fast food" de pollo.

En 1976, Frank Perdue aprobó una propuesta para desarrollar un perro caliente Perdue con las siguientes limitaciones:

- en primer lugar, el perrito Perdue debía ser de igual calidad o mejor que cualquier otro en el mercado.
- en segundo lugar, los ingresos de esta nueva línea de producto tenían que cubrir todos sus costos directos, incluyendo los gastos generales.
- finalmente, el producto tenía que hacerse de carne Perdue al 100%.

A Frank Perdue le preocupaba seriamente que la imagen de un alimento barato y pobre en nutrición como el perrito caliente pudiera dañar la reputación conseguida por la empresa como productora de pollos de calidad. Esta preocupación la compartían todos los directivos de Perdue.

Don Poole, director del laboratorio, fue encargado del desarrollo del producto. Poole elaboró diversas fórmulas de perro caliente, combinando porcentajes distintos de carne de pollo y de gallo con distintas especias. Cada fórmula se probaba en las oficinas de Perdue y se volvía a probar en el campo con ayuda de una agencia publicitaria. Tras algunos fracasos iniciales, Poole pareció encontrar una fórmula que obtuvo resultados favorables en la prueba de producto, consiguiendo mayor puntuación que el perrito caliente de Oscar Mayer, considerado el mejor del mercado.

Poole realizó también una prueba para medir la influencia de la marca de Perdue en la percepción del producto por los consumidores. En esa prueba, a los consumidores se les daban dos perritos, uno con la **etiqueta** Perdue y otro con la etiqueta Oscar Mayer. La muestra de perritos con etiqueta Perdue obtuvo un resultado mucho más alto que la de Oscar Mayer, aunque ambos perritos eran de la marca Oscar Mayer. Poole concluyó que la marca Perdue sería un importante activo comercial a la hora de entrar en el mercado de perritos calientes. Tenía confianza en que su fórmula era superior en sabor y color a cualquier perrito caliente de pollo o de carne de vaca del mercado.

Producción

La carne para perritos calientes de pollo se sacaba de la espalda y el cuello de los pollos y de los gallos. Dicha carne se extraía con mucha más eficacia mediante procedimientos mecánicos de deshuesamiento con un costo mucho menor que si se extrajese a mano. Este proceso era bastante simple. Sin embargo, a la hora de procesar la carne de los gallos podían presentarse algunos problemas. Como los gallos eran bastante más pesados que los pollos, su suplemento de peso reducía considerablemente la velocidad de las líneas de procesamiento. Debido a su mayor edad, los gallos eran aves más fuertes, y en algunas ocasiones los cortadores mecánicos tenían dificultades en el corte de sus cuellos. La producción actual de gallos en Perdue requería unos 30 minutos de preparación por semana. Sin embargo, la fábrica que debía procesar estos gallos tenía muy poca capacidad excedentaria. Si la demanda de perritos calientes fuera mucho mayor que la prevista, Poole pensaba que dichas dificultades en el procesamiento de gallos podrían obligar a hacer horas suplementarias o a añadir un segundo turno. En un turno único los costos de preparado de pollos eran de US$5.000 por hora.

A los directivos también les preocupaba que hubiera suficiente cantidad de gallos, ya que su suministro interno permitía una producción máxima de únicamente 67.000 libras de perritos calientes por semana con la fórmula ya probada, que incluía un 15% de carne de gallo. Sin embargo, Poole pensaba que la demanda podía llegar hasta unas 200.000 libras por semana. Ya que la carne de gallo era necesaria para el producto final, Moriarty ponía en duda la conveniencia de reducir el porcentaje de dicha carne sin probar primero una nueva fórmula.

La fabricación de perritos calientes tendría que subcontratarse a una empresa procesadora de carne, ya que Perdue no tenía la maquinaria necesaria para hacerlos. Poole había llegado a un acuerdo con la Gwaltney Corporation de Smithfield, Virginia, para subcontratar la producción en pequeña escala. Si la demanda se situaba por encima de este nivel, Perdue podía **subcontratar** a Briggs Inc. (de Maryland). Briggs tenía capacidad para 300.000 libras semanales. Bayshore Inc. usaba ya las instalaciones de Briggs para fabricar sus perritos calientes de pollo.

Poole y Moriarty estaban preocupados por los problemas de control que podían plantearse en la subcontratación. Poole descubrió que las dos fábricas producían perritos calientes de colores y sabores ligeramente distintos, pero no sabía si los consumidores serían capaces de discernir las diferencias una vez que se los hubiera ahumado y añadido las especias. Poole estaba dispuesto a poner a un director de Perdue en la fábrica de Briggs si la empresa se decidía finalmente a subcontratar a esta última.

A pesar de estos problemas, a Poole le animaba el éxito que los competidores habían tenido al introducir sus perritos calientes de pollo. Longacre, una empresa prácticamente desconocida, vendía más de 100.000 libras de perritos calientes por semana a la seis semanas de su introducción. Longacre gastaba mucho menos en publicidad de lo que Perdue pensaba gastar y estaba obteniendo un precio por encima del perrito caliente de carne de vaca, aunque, según Poole, su perrito caliente era de horrible sabor. Las ventas de Longacre se concentraban en la parte norte de Nueva York y Filadelfia.

Weaver, otra empresa relativamente desconocida, estaba vendiendo una buena cantidad de perritos calientes de pollo sin hacer ninguna publicidad. Poole se hacía preguntas acerca de la importancia de los problemas de producción, especialmente si Perdue conseguía un éxito similar.

Mercadeo

Moriarty consiguió información sobre el mercado de perros calientes a través de la agencia publicitaria. La agencia dividió las cifras de ventas en dos áreas de mercado. La primera incluía sólo las áreas metropolitanas donde Perdue ya distribuía sus pollos. La segunda comprendía dichas áreas, más las zonas urbanas colindantes. Moriarty descubrió también que el mercado nacional de perritos calientes se componía de dos segmentos, el de detallistas y el de la venta a instituciones. La agencia publicitaria pensaba que el mercado nacional se acercaba a los US$2.000.000.000 anuales. Dada la reputación y experiencia de Perdue en el sector de detallistas, Moriarty pensaba que sería mejor quedarse en ese segmento, ignorando las ventas potenciales del sector industrial.

Dentro de cada zona geográfica había numerosos competidores, la mayoría de ellos regionales. Fuentes de la industria afirmaban que Oscar Mayer tenía la mayor participación del mercado nororiental con un 25%. Las 14 marcas más importantes de perritos calientes tenían un 90% de dicho mercado.

La publicidad era escasa y se hacía principalmente en televisión regional. Cada mercado tenía también un significativo número de marcas de bajo precio que no realizaban publicidad. Se creía que este mercado era bastante sensible al precio y que los consumidores tenían poca lealtad a la marca. Por ejemplo, la marca que disfrutaba de mayor lealtad era Hebrew National que tenía una lealtad de sólo el 50%. La mayoría de las marcas restantes tenían menos de un 30%. A los fabricantes les preocupaba también la limitación de espacio en las tiendas, por el que había fuerte competencia. Sin embargo, la naturaleza fragmentaria del sector también llevaba a que ninguna marca dominara en más de un mercado regional.

Los ejecutivos de Perdue segmentaban el mercado de perritos calientes en base al consumo anual de dicho producto por parte de los consumidores. Estimaban que, dentro de su mercado actual, un 26% de los hogares eran frecuentes consumidores de perritos calientes, un 33% eran consumidores medios, un 29% los consumían esporádicamente y un 12% no los consumían nunca.

Moriarty intuía que las mejores oportunidades radicaban en los segmentos de consumidores esporádicos y en los de no cosumidores, ya que pensaba que este segmento compraba menos en base al precio y podría ser más influenciado por las ventajas nutritivas del pollo (a igualdad de peso, el pollo tiene menos grasa y más proteínas que otros tipos de carne). Existía también la posible oportunidad de aumentar la demanda primaria dirigiéndose a consumidores esporádicos o no consumidores que pudieran haber albergado algunos temores sobre el contenido de los perritos calientes. Dichos consumidores podían ser influenciados fácilmente por la historia de Perdue (que estaba basada en la calidad y nutrición).

Moriarty había hablado con los departamentos de producción y contabilidad para estimar los costos. Calculaba que un paquete de una libra de perritos calientes costaría 37,5[1] centavos (US$0,375) en procesado y embalaje, en base a un volumen semanal de 100.000 libras. Esta cifra incluía:

---

[1] En muchos países hispanos se usa coma en vez de punto decimal.

US$	**Procesado y embalaje**
0,166	carne de pollo
0,075	deshuesamiento
0,042	transporte
0,039	mano de obra
0,025	preparado de gallo
0,023	pago a Gwaltney por las operaciones subcontratadas
0,005	embalaje
Total: 0,375 (37,5 centavos)	

Además, Perdue tendría que invertir US$225.210 en maquinaria, US$32.500 anuales en salarios y US$15.000 anuales en mantenimiento. Moriarty también calculó que a finales de agosto Perdue se había gastado ya US$219.000 en investigación y desarrollo de perritos calientes. Los gastos generales y administrativos se estimaban en un 4% sobre las ventas. Los márgenes de los distribuidores eran de US$0,05 por libra, independientemente del precio de venta, y los detallistas solían obtener márgenes de un 35%. La empresa podía obtener un ingreso neto de US$0,75 por libra, con un precio de venta al público de US$1,23 por libra. El perrito caliente de pollo de Longacre se vendía a US$1,19 por libra y el perrito caliente de ternera de Oscar Mayer a US$1,45 por libra.

El plan de los perritos calientes comprendería tres fases:

- **de los meses 1 al 6** se haría una prueba de mercado en Providence, R.I., donde Moriarty esperaba obtener una participación de un 5% (5.000 libras semanales),
- **de los meses 7 al 18** comprendería la entrada en los cuatro mercados más importantes de Perdue: Boston/Providence, la ciudad de Nueva York, Filadelfia y Baltimore. Moriarty esperaba obtener también una participación del 5%,
- **en el período final, de los meses 19 al 30**, Perdue pensaba mantenerse en los mismos 4 mercados, aumentando su participación al 10%.

Oscar Mayer, que estaba bien establecido en los mercados de Perdue, tenía una participación no menor al 10% en cada uno de los mercados. Moriarty dudaba de que fuera posible superar esta cifra.

Desde 1970, la empresa Hygrade había introducido sus perritos calientes de ternera, llamados Ball Park Franks, en forma gradual al mercado. En 1975, Hygrade entró en los mercados de Nueva York, Baltimore y San Francisco, con un presupuesto publicitario de alrededor de US$2.500.000. Un portavoz de Hygrade decía que en los mercados en donde Ball Park Franks se había introducido, nunca se había obtenido menos del 10% de participación y, en algunos sitios, ésta había llegado al 25%, lo que colocaba a Ball Park Franks en primer o segundo lugar en dichos mercados.

La siguiente cuestión a la que Moriarty se enfrentaba era la de publicidad y promoción. La agencia publicitaria de Perdue había propuesto un presupuesto original de US$2.100.000. Dicho presupuesto incluía publicidad al consumidor y al canal de televisión, promociones, la producción de los anuncios y una reserva para imprevistos. Los costos proyectados eran de US$304.150 para los seis meses en el mercado de Providence y US$1.814.000 para los dos años (meses 7 al 30) en los mercados de las otras cuatro ciudades. Los ejecutivos de la empresa, que consideraban el presupuesto demasiado alto, propusieron una alternativa con un total de US$189.000 para la prueba de mercado y US$1.205.000 para las cuatro ciudades. Independientemente del nivel de gasto publicitario, Moriarty no estaba seguro del posicionamiento del perrito Perdue en su publicidad. Tenía que decidir si el perrito de pollo debía promocionarse como algo nuevo o como algo que competía con los perritos calientes convencionales de ternera.

Nutrición

A Poole le animaron algunos comentarios de unos distribuidores de Perdue, quienes, mientras visitaban una de la fábricas, sugirieron que Perdue lanzara una línea de perritos calientes de pollo sin sospechar que ya lo estaban haciendo. Los distruibuidores confiaban en que un perrito caliente Perdue se vendería muy bien. Poole y otros estaban muy preocupados por el posible daño que ello pudiese causar a la imagen de calidad que tenía el pollo Perdue. Los fabricantes de perritos calientes habían sido atacados por primera vez en 1972, debido a la pobreza nutritiva de sus productos. Durante aquel año, la revista *Consumer Reports* analizó diversas marcas populares de perritos calientes, descubriendo que su composición incluía, en porcentaje promedio, un 25% de grasas, sólo un 11,7% de proteínas y varios extras. El artículo concluía así: "Parece que los consumidores están pagando hoy precios elevados por perros calientes que tienen un 60% menos de capacidad nutritiva que en los años 30." La revista añadía que dos perritos calientes contenían 460 calorías, pero sólo 10 gramos de proteínas. A peso comparable, el pollo tenía 26 gramos de proteínas, el pescado fresco o congelado, 25 gramos, el filete de ternera, cordero o cerdo, 24 gramos, y el atún enlatado, 17 gramos. Ninguno de los perros calientes analizados era de pollo.

Un poco más tarde, en 1972, las revistas *Time* y *Life* publicaron artículos en los que se criticaba la calidad de los perritos calientes. A finales del 72, el crecimiento anual de ventas de perros calientes había descendido del 9% al 1%. Un portavoz de Oscar Mayer dijo que el descenso se debía a la mala publicidad, aunque el Instituto Americano de Carne decía que la causa principal había que buscarla en los aumentos de precios de los perritos calientes. A los directivos de Perdue les preocupaba que los consumidores pudieran tener todavía esta opinión en 1976.

Términos de gerencia

Detallista: Una persona que vende sus mercancías al por menor.

Etiqueta: Una cédula (pegada al embalaje de un producto) que sirve para indicar la marca, el precio, etc. En algunos sitios también se llaman así los folletos publicitarios que se envían al público para promover un producto.

Integración vertical: El control y propiedad, en manos de una sola empresa, de más de una de las etapas del proceso de producción: extracción, producción, distribución y ventas. De acuerdo con las teorías de internalización, los costos de transacción llevan a las multinacionales a incorporar diferentes etapas del proceso de producción, eliminando así incertidumbres en el mercado a expensas de sus abastecedores y clientes. La integración vertical puede llevar al abuso de ventajas monopolísticas.

Mercadeo: Area de la gerencia que se dedica al análisis del mercado y cuyo objetivo es la planificación y delineación de estrategias para lograr la introducción, posicionamiento, redefinición y captación de un segmento del mercado para un producto o servicio.

Rentabilidad: Capacidad que un producto tiene para producir beneficios.

Subcontratar: Designar un trabajo a personas de otra compañía o a trabajadores independientes.

Preguntas

1. ¿Cuáles eran los problemas que Perdue tenía que enfrentar al entrar en los supermercados?

2. ¿En qué consistía la propuesta de Perdue para desarrollar una línea de perritos calientes?

3. ¿En qué consistía la prueba realizada por Poole?

4. ¿En qué consistía la estrategia de Perdue al entrar en un mercado competitivo? ¿Cuáles fueron algunos problemas de subcontratación?

5. ¿Cuáles eran las tres fases del 'plan de los perritos calientes'?

Temas para discutir o escribir

1. La necesidad y utilidad de emplear una prueba de producto.

2. Siguiendo la estrategia de mercadeo de Perdue (o de otra empresa), construya un modelo para la entrada de un producto en un mercado nuevo.

3. La historia de la línea de perritos calientes de Perdue en los últimos años (tomando en cuenta la entrada de la empresa en el mercado).

4. Lo que debe pensar una empresa que quiere diversificarse (planificación, mercadeo, distribución, etc.).

Caso 4:
Bodegas Venecianas Ltda.

Caso 4: Bodegas Venecianas Ltda.

Enfoque principal: Estrategia de mercadeo

Introducción

Este caso pone énfasis en la etapa preparativa de una pequeña empresa que quiere ampliar su capacidad de producción y entrar en un nuevo mercado. El estudiante tendrá la oportunidad de estudiar la situación económica de la empresa y analizar tal mercado y sus consumidores, como si fuera miembro de la gerencia de la empresa, a fin de elegir la mejor estrategia para la futura expansión de la compañía.

Historia de la empresa

La empresa Bodegas Venecianas Ltda. (Bogotá, Colombia) fue fundada a principios de 1966 por iniciativa de don Juvenal Bayona y don Rafael Mora. Contaba con cinco empleados. Tenía una centrifugadora, un filtro y cinco pipas de aproximadamente 10.000 botellas de capacidad. Inicialmente se presentaron algunas dificultades en la consecución del alcohol que poco a poco fueron superadas. La fruta principal (la uva), materia prima en el proceso de producción, no presentaba problemas de disponibilidad debido a las buenas relaciones que se mantenían con los proveedores, situación que aún se conserva.

Pese a las buenas perspectivas que presentaba el mercado, las ventas en un principio fueron difíciles debido a la baja competitividad de los productos y por contar con vendedores inexpertos, a quienes se les pagaba por comisión y se les encargaba del recaudo de las **cuentas por cobrar**. En 1970 se inicia una nueva etapa para la compañía. Se incursiona en mercados localizados fuera de Bogotá, tales como Tolima, Santander, Meta y Boyacá, los cuales se continúan cultivando hasta la fecha. Entran como socios Oscar Rojas y Juan Pique con un aporte de Col$125.000 cada uno, aporte que fortaleció a la empresa. Durante los próximos diez años de la empresa, las pocas utilidades obtenidas se reinvirtieron en ella, logrando adquirir el local en el cual funciona, ampliar su bodega con dos casas aledañas y construir el edificio de la avenida 24 con calle novena. En 1979, cuando la empresa contaba con 25 empleados, don Juvenal se dedicó de lleno a Bodegas Venecianas. Problemas de liquidez, que afectaron a la empresa por el mantenimiento del sistema de ventas, determinaron que don Juvenal prescindiera de los vendedores y se hiciera cargo de las ventas en forma personal.

En la actualidad, la empresa cuenta con 30 pipas de 10.000 botellas cada una (una pipa tarda de 5 a 7 meses para salir al mercado). Cuenta con 28 empleados, de los cuales 20 se dedican a la producción y los 8 restantes a la actividad administrativa y contable. La Gerencia está a cargo de Rafael Mora y la Subgerencia a cargo de don Juvenal, quien además tiene a su mando las actividades de producción y ventas. En la parte contable se tiene la colaboración de un contador y un auxiliar. En el control de calidad se cuenta con un químico especializado, quien presta sus servicios en forma esporádica, además de los conocimientos especializados de dos de los socios.

Don Juvenal se encarga de sus funciones de la siguiente manera: durante los primeros cinco días de la semana, lleva a cabo la progamación de producción, dejando exclusivamente los fines de semana a la actividad de ventas, viajando a las diferentes regiones atendidas por la empresa.

Con la adquisición en 1981 y 1983 de unos lotes en la zona industrial de Bogotá (por un valor de Col.$3.000.000) se tiene la perspectiva de construir y trasladar allí la fábrica, que contaría con una capacidad de 80 a 90 pipas en un término no mayor de tres años. Esta expansión estaría inicialmente estimada en unos Col.$30.000.000 que serían financiados en parte con utilidades netas.

Evolución estratégica

Dos etapas caracterizan la evolución estratégica de la empresa:

- Primera etapa (1966-1979): Se acomete únicamente el mercado de Bogotá, el de los minoristas, atendidos por una pequeña fuerza de ventas. Se cuenta también con un punto de venta ubicado en sus propias instalaciones, presentándose una estrategia lánguida de sobrevivir contra todo tipo de limitaciones.
- Segunda etapa (1979-hasta el presente): Se prescinde de los vendedores y se entra en los mercados de Tolima, Santander, Boyacá y Meta, atendiendo en forma muy marginal a Bogotá (y exportando a Nigeria, Japón y los Estados Unidos).

Queda en evidencia la concentración de la compañía en los mercados descuidados por la competencia.

Situación administrativa

La estructura administrativa de Bodegas Venecianas está conformada por la Junta de Socios, Gerente, Subgerente, Producción y Ventas y Área Financiera-Contable. Es una empresa pequeña cuyo manejo administrativo se encuentra concentrado en manos de don Juvenal (Subgerencia, Producción y Ventas). Esta es una situación que motiva esporádicas pugnas y conflictos entre los socios y no permite la definición clara de una política de crecimiento. Se observa la existencia de una contradicción entre la estrategia de la empresa y la forma en que se acometen las ventas.

Producción

Bodegas Venecianas produce actualmente tres líneas de ofertas: vinos espumosos, vinos generosos y aperitivos, siendo su línea más extensa la de vinos generosos.

Situación financiera

Los balances de la empresa, siempre favorables, no muestran ningún tipo de problemas de estacionalidad y reflejan una situación financiera favorable por cuanto le queda aún mucha capacidad de endeudamiento. Además, su **liquidez** es alta (desde el punto de vista de las cuentas que conforman el activo y pasivo corrientes). El crecimiento de las ventas se ha equiparado con el crecimiento de los activos, aún cuando existen demoras en la rotación de la cartera.

Producción nacional de vinos

La producción nacional (colombiana) de vinos en los últimos años ha ido creciendo a una tasa promedio del 29%, presentando sobresaltos drásticos con la incursión de nuevos participantes. En la actualidad se considera que la industria de vinos y licores es una de las más prósperas del país; los empresarios del sector tratan de avanzar al compás de los tiempos, dirigiendo sus esfuerzos hacia la búsqueda de innovación, eficiencia y ampliación de los mercados, con expansiones de la capacidad instalada y de mayor calificación.

En los últimos años se ha presentado un gran auge de los viñedos nacionales localizados en Antioquia, Santa Marta, Villa del Rosario y Valle, las cuatro zonas vinícolas de importancia en el país. Su mejoramiento y tecnificación le abren inmensas posibilidades a la industria de la uva fresca. La industria cuenta con la labor ejercida por el **gremio** Corpovinos (Corporación Colombiana de Productores de Vinos y Licores). Corpovinos ha sido uno de los más fructíferos entre los gremios. Además, se destaca la gestión del Comite de Vinos del Icontec (Instituto Colombiano de Normas Técnicas), así como la reglamentación del Codigo Sanitario.

Análisis de clientes

El mayor porcentaje de consumidores se encuentra concentrado en las zonas urbanas, donde el nivel de vida es más alto y se conocen con mayor facilidad los productos a través de los medios de comunicación. En los años cincuenta, el mayor porcentaje de la población habitaba en zonas rurales, característica que cambiaría a través de los años hasta llegar hoy en día a concentrarse una mayor parte de la población en zonas urbanas. Los consumidores de vino tienden a concentrarse en las siguientes regiones: Cundinamarca, Valle, Antioquia, Boyacá, Santander, Tolima y Huila. En las zonas rurales se presenta un bajo consumo de vino. En cambio, allí hay gran demanda de licores tradicionales: cerveza y aguardiente. Uno de los factores que afecta tanto a la industria del vino como a otros sectores de la economía colombiana, es el contrabando, en especial el de la costa.

Hay tres clases de consumidores por ingresos:

1. Los consumidores de bajos ingresos: prefieren vinos dulces o semisecos de contenido alcohólico medio. Son grandes consumidores de vinos nacionales, muy sensibles al precio y a la publicidad. La calidad no es un factor importante y las ocasiones en que toman vino son muy especiales (Navidad, Semana Santa o fiestas).
2. Los consumidores de ingresos medios: consumen vinos generosos y espumosos, dulces y semisecos de fabricación nacional, pero con tendencia hacia el vino extranjero de buena calidad. Tienen conocimientos básicos sobre las cualidades y características de los vinos, aprecian la buena calidad y prestan interés al precio. Las ocasiones de consumo son especiales.
3. Los consumidores de altos ingresos: prefieren los vinos importados de alta calidad. La condición de compra generalmente no incluye el precio. La mayoría toma vino en ocasiones especiales y existe un subsegmento que lo consume en las comidas como aperitivo.

Además, hay que tomar en consideración que Bogotá es el mercado más grande de Colombia, con una alta tasa de migración, y que su población tiene menos de 10 años de estar allí.

El plan de ampliar la empresa con un nuevo producto

El Dr. Rojas considera que se está perdiendo una gran oportunidad y ha planteado la alternativa de incursionar en el mercado de Bogotá, lanzando un producto relativamente nuevo, el vermouth rosé. Este aperitivo estaría dirigido al sector gastronómico y permitiría aprovechar algunas ventajas de la empresa en lo referente a economía de escala y curva de la experiencia. Aunque, como se ha dicho, el vermouth rosé es un producto relativamente nuevo, el mercado del vino vermouth está ocupado por una gran variedad de empresas, de las cuales un pequeño grupo se consolida como fuerte y su respuesta competitiva se presume como agresiva.

Términos de gerencia

Cuentas por cobrar: Ingresos que se contabilizan en el activo corriente. Aunque no recibidos en efectivo hasta la fecha, se consideran de rápida liquidez.

Gremio: Asociación de trabajadores con el fin de defender sus derechos (económicos, sociales, etc.). Puede considerarse como sinónimo de sindicato en ocasiones.

Liquidez: Capacidad que una empresa tiene para convertir sus activos en efectivo o dinero disponible.

Minorista: Comerciante que vende al por menor.

Preguntas

1. ¿En qué consistían las dos etapas de la evolución estratégica de Bodegas Venecianas?

2. ¿Cuáles son los problemas que han afectado la estructura administrativa de Bodegas Venecianas?

3. ¿Cómo se caracterizan las tres clases de consumidores de vino?

4. ¿Cómo puede esta empresa pequeña interesar a las tres clases de consumidores (con un nuevo producto) en el mercado de Bogotá? ¿Cree usted que la empresa tendrá éxito en Bogotá? ¿Por qué?

5. Tomando en cuenta los medios publicitarios disponibles hoy día (como la televisión, la radio, la prensa, etc.), ¿cuáles serían los que usaría para crear una estrategia de mercadeo a fin de impulsar la entrada de Bodegas Venecianas en el mercado de Bogotá?

Temas para discutir o escribir

1. Las ventajas económicas de una empresa que tiene alta liquidez.

2. Basándose en la historia de Bodegas Venecianas, construya un modelo para una empresa pequeña que quiere entrar en un nuevo mercado en su ciudad. Piense en la estrategia, los posibles problemas administrativos, los consumidores, etc.

Caso 5: Colgate-Palmolive Internacional: Negocios de detergentes en El Salvador

Caso 5: Colgate-Palmolive Internacional: Negocios de detergentes en El Salvador

Enfoques principales: Mercadeo y publicidad

Introducción

Este caso es ideal para estudiar las estrategias de mercadeo, los problemas de distribución de los productos y los medios publicitarios de una empresa bien conocida en el mundo entero. Es igualmente representativo de la competencia que existe en distintos tipos de mercados, en especial, el de los detergentes. Por último, el siguiente caso ofrece al estudiante una idea de los mecanismos de inversión y desarrollo de empresas multinacionales, como Colgate-Palmolive, Procter & Gamble y Unilever, en Hispanoamérica. "Si a usted le interesa la competencia, realmente debería echar una mirada al negocio de detergentes para lavar en el Salvador," dijo el Sr. Roy B. Hill, gerente para el área centroamericana de la Colgate-Palmolive International.

> Actualmente ese es el mercado más altamente competitivo en todo Centroamérica ... principalmente porque es el primer mercado que ha contemplado una confrontación directa entre todas las marcas de las compañías internacionales conocidas, como las 'Tres Grandes' en el campo de los detergentes: Colgate-Palmolive, Procter & Gamble y Unilever.

Breve análisis del problema

En noviembre de 1964, las dos marcas de detergentes en polvo que Colgate-Palmolive vendía en El Salvador, el Fab Blanco y el Fab Azul, se enfrentaban a un desafío competitivo crítico. En los últimos cuantos años, el Fab había sido el líder indiscutible del mercado en El Salvador, representado un promedio del 50% al 70% del total de las ventas de detergente en polvo. Sin embargo, su posición de liderazgo estaba seriamente amenazada por la aparición del Rinso, una marca competitiva de detergente en polvo que había sido introducida en agosto de 1964. El Rinso había sido lanzado por Unisola S.A., una compañía de operación conjunta de propiedad (en partes iguales) de una gran compañía internacional, Unilever, y de intereses salvadoreños. Para fabricar Rinso, la Unisola había construido la primera planta que produce detergente en polvo en El Salvador.

Apoyado por una intensa campaña publicitaria y promocional, Rinso se las arregló para capturar una grande y pertubadora porción del mercado salvadoreño en sólo cuatro meses después de su introducción. Según una **encuesta** 'en el hogar,' realizada en septiembre de 1964 por la Colgate-Palmolive, el ímpetu de la campaña introductoria del Rinso le había proporcinado una porción temporal de mercado de más del 50%. El mismo estudio indicó que la porción de mercado combinada del Fab Blanco y el Fab Azul había descendido a menos del 50% de la porción del 66% que había tenido en junio de 1964, justo antes del lanzamiento del Rinso.

Aunque el Sr. Ernesto Asturias, gerente general de la Colgate-Palmolive en El Salvador, opinaba que los resultados de esta encuesta 'en el hogar' estaban un poco desfigurados (porque en los hogares habían sobres de prueba del Rinso que la Unisola había regalado sobre una base de puerta en puerta), él no obstante creía que Rinso estaba haciendo brechas significativas en la **franquicia** del Fab. Al discutir su preocupación por esta situación, comentó lo siguiente:

> Con la aparición del Rinso de la Unisola, nos encontramos confrontados por una compañía fuerte, respaldada por la Unilever que, habiendo construido la primera planta para fabricar detergente sintético en El Salvador, parece que ahora está determinada a encontrar su camino hacia el mercado local salvadoreño, no importa cuáles sean los costos. Sin duda, el único gran problema al que nos enfrentamos actualmente es el de decidir qué hacer para hacerle frente a la amenaza del Rinso.

Historia de la Colgate-Palmolive en El Salvador

La Colgate-Palmolive comenzó a exportar el Fab de los Estados Unidos a El Salvador en los primeros años de la década de 1950. Inicialmente, todas las ventas se hacían a través de varios distribuidores-importadores locales que también manejaban otros productos Colgate. Al mismo tiempo, sin embargo, Colgate mantenía a un representante de ventas en Centroamérica, que tenía sus oficinas principales en El Salvador y dos 'enlaces' que ayudaban a los distribuidores independientes a vender y promover los productos Colgate en El Salvador.

Durante la década de 1950, la competencia de detergentes que tenía el Fab en El Salvador provenía sólo del Ace y del Tide de Procter & Gamble. La Procter & Gamble también exportaba de los EE.UU., pero, a diferencia de Colgate, usaba un sólo distribuidor exclusivo local, en vez de varios distribuidores no exclusivos. Aunque inicialmente las ventas de detergentes salvadoreñas de ambas compañías eran aproximadamente iguales, para 1960 el Fab de Colgate había superado significativamente al Ace y al Tide de Procter & Gamble. En ese año, las ventas de Fab dieron razón de aproximadamente un 60% a 65% del mercado, mientras que Ace y Tide sólo tenían de 35% a 40%.

Poco después de 1960, tanto Colgate como Procter & Gamble dejaron de importar detergente de los EE.UU. y comenzaron a usar proveedores por contratos en Guatemala. Esta acción les permitió a ambas compañías eliminar totalmente los derechos de importación[1] y rebajar significativamente los costos de transporte.[2] Después, Procter & Gamble descartó a su proveedor guatemalteco y comenzó a usar un proveedor por contrato en Honduras.

En 1962, Colgate estableció su propia compañía de mercadeo en El Salvador y descontinuó los servicios de los antiguos importadores-distribuidores. La nueva compañía se componía de un gerente general, una fuerza de ventas de seis personas, dos unidades especiales de venta de puerta a puerta y personal administrativo. El Sr. William Cunningham fue nombrado gerente general interino de la nueva subsidiaria. El Sr. Ernesto Asturias, quien más tarde asumió el cargo, había sido gerente de ventas de la subisidiaria guatemalteca de Colgate.

La nueva subsidiaria le ayudó a Colgate a consolidar su posición en el mercado salvadoreño. No sólo le permitió a la compañía promover y vender más vigorosamente los productos existentes,

---

[1] Como primeros signatarios del tratado sobre el Mercado Común Centroamericano, El Salvador, Guatemala y Honduras ya habían acordado eliminar los aranceles internos sobre detergentes en polvo.

[2] Los costos de transporte de Guatemala a El Salvador eran de approximadamente US$0,50 por 100 libras de detergente, comparado con los aproximadamenta US$1,50 para el transporte de los EE.UU. a cualquier país centroamericano.

sino que también resultó en la introducción de un número de nuevos productos, por lo que, para 1964, la compañía estaba vendiendo un total de 26 artículos distintos. De estos, el detergente Fab, la crema dental Colgate y el jabón de tocador Palmolive eran decididamente los más importantes.

En noviembre de 1963 entró en el mercado una tercera firma de detergente salvadoreño. Esta era Kativo S.A., una compañía con sede en Costa Rica que comenzó a exportar su detergente, Prim, a El Salvador desde su planta en Nicaragua. Para vender Prim en El Salvador, Kativo tenía un distribuidor independiente salvadoreño. Respaldado por una extensa publicidad, pruebas y programa promocional, al comienzo el Prim progresó considerablemente. Una encuesta de Colgate realizada en marzo de 1964 indicó que el Prim había capturado temporalmente una porción de un 20% del mercado. Luego, sin embargo, el Prim pareció perder su impulso. Según el Sr. Asturias:

> El Prim sencillamente no tenía el poder necesario para permanecer aquí en El Salvador. Por una parte, Kativo estaba trabajando a través de un distribuidor que también tenía que preocuparse por otras líneas de producto. En consecuencia, aunque este distribuidor inicialmente le dedicó una adecuada cantidad de energía al Prim, después de los primeros meses tuvo que dedicar sus esfuerzos a otras cosas. En segundo lugar, aunque Kativo gastó tanto como US$5.000 mensuales en su campaña publicitaria y promocional introductoria, aparentemente no pudo mantener este nivel de gasto por más de tres o cuatro meses. Después, los gastos de mercadeo del Prim fueron reducidos significativamente. Un último factor que sin duda tuvo algo que ver con la decadencia subsecuente del Prim fue que nosotros aumentamos nuestros esfuerzos de mercadeo para el Fab. Además, aunque antes de que apareciera el Prim estábamos vendiendo sólo una marca de detergente Fab, el Fab Blanco, poco después de que apareció el Prim introdujimos el Fab Azul, un nuevo polvo de color azul. Aunque el Fab Azul se introdujo como parte de una campaña a nivel centroamericano, creo que no obstante ayudó significativamente a combatir al Prim.

Como resultado de los factores aludidos por el Sr. Asturias, las periódicas encuestas de mercado de Colgate demostraron que la porción de mercado del Prim había decaído a un 6,8% en julio de 1964 y a un 1,1% en septiembre de 1964. En el verano, ocurrió otro acontecimiento en el panorama de detergentes salvadoreños: la introducción de un detergente en forma de barra por Procter & Gamble. A la larga, según creía el Sr. Asturias, este nuevo producto, llamado Ace en Barra, podría tener un impacto significativo en el mercado local de detergentes, especialmente porque se esperaba que tuviera mucho atractivo para aquellos consumidores que aún preferían usar jabón en barra para propósitos de lavado.[1] Hasta la fecha, sin embargo, las ventas de Ace en Barra han sido bastante limitadas. El Sr. Asurias atribuye este lento comienzo en parte al hecho de que la Procter & Gamble había introducido el Ace en Barra con una campaña relativamente modesta casi al mismo tiempo en que el Rinso fue lanzado con una campaña fuerte, y en parte al hecho de que Procter & Gamble trabajaba a través de un distribuidor local independiente que no podía dedicar mucha atención especial al nuevo producto. Como resultado del progreso inicial limitado del Ace en Barra, el Sr.

[1] Aunque no había cifras específicas disponibles, se creía que este grupo de usuarios de jabón en barra era bastante grande, según lo indicaba el hecho de que el tonelaje de jabón en barra vendido en El Salvador se estimaba de cinco a diez veces mayor que el tonelaje de detergente en polvo. El jabón en barra era preferido por muchas amas de casa que lavaban en ríos, en pozos de aldea y en puestos de cañería de agua fría.

Asturias creyó por el momento que el problema del Rinso era mucho más importante y urgente que el del Ace en Barra.

El mercado salvadoreño

Hasta 1964, el tamaño del mercado de detergente anual total en El Salvador se estimaba que era de aproximadamente 1.450.000 libras, o sea 48.500 cajas estándar.8 A precios del fabricante, esto equivalía a aproximadamente US$500.000. Aunque las cifras exactas no estaban disponibles, los ejecutivos de Colgate Palmolive estimaron que este mercado había estado creciendo a una tasa de un 10% anual durante los últimos años. Con la reciente entrada del Rinso al mercado, se esperaba que el futuro contemplaría tasas de crecimiento aún más altas.

El enfoque del mercadeo local de Colgate-Palmolive

Al hablar sobre el enfoque competitivo de su compañía para el mercadeo de detergentes en El Salvador, el Sr. Asturias comentó lo siguiente:

> Este es un mercado orientado hacia la promoción. Al decir esto me refiero a que el mercadeo exitoso de detergentes parece depender más de promociones especiales que de cualquier otro factor único. Naturalmente, los otros aspectos del propio programa de mercadeo deben ser también acertados. Por ejemplo, los medios publicitarios, las políticas de fijación de precios, la buena distribución y una calidad de producto aceptable son todos aspectos bastante importantes. Pero, en el último análisis, son las promociones las que determinan la diferencia entre el éxito y el fracaso.

Actividad promocional

El programa de mercadeo de Colgate-Palmolive para el Fab Blanco y el Fab Azul reflejaba este gran énfasis precisamente en las promociones especiales. La actividad promocional para el Fab era especialmente intensa antes y durante las campañas introductorias del Prim y del Rinso. El Sr. Asturias opinaba que, como gerente de la subsidiaria salvadoreña de Colgate, el tenía más autonomía en el área de las promociones que en cualquier otra área de mercadeo; por ello declaró:

> Al tratar sobre cosas como fijación de precios, publicidad, políticas de producto, etc., tenemos que adherirnos estrechamente a las políticas y prácticas establecidas en las oficinas principales para el área centroamericana. En el área promocional, por otra parte, mi personal y yo somos mucho más libres de usar nuestra imaginación. Desde luego, al diseñar las promociones intentamos sacar el mayor provecho posible de las ideas y experiencias de otros mercados. Y aún tenemos que obtener la aprobación final para todas las promociones de las oficinas principales del área y de Nueva York. Pero lo importante es que la inciativa básica permanece aquí al nivel local ... que es exactamente como debe ser, ya que uno realmente tiene que estar en el lugar preciso para saber lo que funcionará y lo que no funcionará desde un punto de vista promocional.

Política de producto

Como ha sido indicado, en las áreas de política de producto, de fijación de precios y de publicidad, el gerente de la subsidiaria local tenía menos flexibilidad de acción que en el área promocional. En el área de política de producto, por ejemplo, la subsidiaria salvadoreña estaba limitada a mercadear el mismo detergente Fab que se vendía en Guatemala y Honduras. Esto se debía a que el fabricante por contrato (ubicado en Guatemala) era usado por Colgate-Palmolive para suplir a todos los tres mercados. En consecuencia, a fin de lograr tanta ciencia de producción como fuese posible, se usaban las mismas especificaciones de producto, tamaños de envase,[1] y diseño de envases para los mercados. Esto era también cierto en cuanto a la decisión de comercializar una segunda marca de detergente, el Fab Azul, que se había realizado sobre una base de toda el área en la primavera de 1964.

Fijación de precios

En el área de precios, era muy difícil para la subsidiaria salvadoreña seguir una política diferente que la seguida por las subsidiarias guatemaltecas y hondureñas. Como había un movimiento de detergentes libre de impuestos entre estos tres países, cualquier diferencia significativa de precios de país a país ocasionaba un problema de 'traslapo' de mercadería. Por ejemplo, cuando la subsidiaria de mercadeo salvadoreña fue establecida incialmente en 1962, Colgate fijó adrede el precio de Fab en El Salvador un poco más alto que el precio en Guatemala. Esto, no obstante, dio origen a que un número de **mayoristas** salvadoreños comenzaran a comprar en Guatemala, en vez de hacerlo en El Salvador.[2] Este problema era tan serio que Colgate se vio obligada a adoptar la política de fijarle un precio al Fab que era aproximadamente igual en los tres países, aparte de una diferencia de costo de transporte. Salvo los precios especiales (de fines de semana ocasionales), la mayoría de los detallistas salvadoreños cobraban a los consumidores los precios que aparecen en el cuadro que sigue. (Había, no obstante, cierta variación en los precios que distintos mayoristas cobraban a los detallistas, ya que unos pocos mayoristas tendían a usar el Fab como un 'gancho' para obtener ventas.)

---

[1] El Fab se vendía en los siguientes tamaños de envase: tamaño familiar (2.000 gramos), tamaño gigante (1.000 gramos), tamaño grande (500 gramos), tamaño mediano (215 gramos) y sobres (45 gramos).

[2] El Sr. Asturias contó la historia de un salvadoreño emprendedor que una época tenía el negocio regular de comprar el Fab a bajo precio a Colgate en Guatemala, transportarlo a lomo de mula hasta el pueblo de Santa Ana en El Salvador y venderlo allí con poco ganacia. Un día este empresario cometió el error de seleccionar un envase de tamaño familiar (2.000 gramos) del Fab en la Ciudad de Guatemala. Cuando regresó a El Salvador, sin embargo, descubrió que el tamaño más grande de envase en el cual esteban interesados los detallistas en Santa Ana era el tamaño grande (500 gramos). En consecuencia, se vio obligado a volver a cargar la mula y a transportar las cajas de tamaño familiar hasta la Ciudad de Guatemala y allí rogarle al gerente de vantas de Colgate que le hiciera el cambio.

Listas comparativas de precios (en US$) para detergentes en El Salvador (10 de septiembre de 1964)

Marca	Gramos	Cartones/ Caja	Precio al mayorista (por caja)	Precio al detallista (por caja)	Precio al consumidor (por cartón)
Fab					
Familiar	2000	6	22,80	24,00	4,60
Gigante	1000	15	29,45	31,00	2,40
Grande	500	30	30,97	32,60	1,25
Mediano	215	60	30,97	32,60	0,65
Sobres	45	144	14,25	15,00	2x0,25
Ace					
Gigante	1000	12	23,52	24,00	2,40
Grande	500	24	24,79	25,30	1,25
Mediano	215	60	30,95	31,60	0,65
Sobres	45	144	14,40	14,70	2x0,25
Prim					
Rey	1900	6	20,80	21,90	4,45
Gigante	1058	10	19,20	19,70	2,40
Grande	500	24	24,90	25,50	1,25
Mediano	205,5	60	32,00	32,60	0,65
Sobres	47	144	14,60	15,35	2x0,25
Sobres pequeños	32	100	6,10	6,55	2x0,15
Rinso					
Gigante	1000	15	27,00	27,00	2,40
Grande	480	30	28,50	28,50	1,25
Mediano	235	60	28,50	28,50	0,60
Popular	80	144	24,48	24,48	2x0,45
Sobres	55	144	12,96	12,96	2x0,25

Publicidad

Las campañas publicitarias que la subsidiaria local efectuaba para el Fab en El Salvador eran ordinariamente idénticas a las usadas en otros países centroamericanos. El trabajo artístico de la mayor parte de los anuncios para la prensa estaba concentrado en Guatemala; los anuncios de radio y televisión tendían a ser producidos en Guatemala o, en algunos casos, provenían de las subsidiarias de Colgate ubicadas fuera de Centroamérica. En vez de hacer que cada subsidiaria pequeña en Centroamérica creara su propia publicidad, Colgate echaba mano del mejor talento creador disponible y así reducía los costos artísticos a un mínimo. La consideración de costos era especialmente importante en lo que se refiere a los anuncios de televisión, donde los costos de producción tendían a ser desmasiado altos para ser soportados por un solo mercado centroamericano.

Aunque casi no se realizaba ningún trabajo artístico en El Salvador, la subsidiaria de Colgate retuvo, no obstante, los servicios de una agencia publicitaria local para seleccionar y comprar tiempo y espacio en los medios de comunicación. En el caso del Fab Blanco y del Fab Azul, el énfasis principal se ponía en los anuncios de radio, de televisión y de periódicos, en ese orden.

Fuerza de ventas

Hasta 1964, la subsidiaria salvadoreña de Colgate tenía una fuerza de ventas regular compuesta de ocho vendedores y de un gerente de ventas. De los vendedores, cuatro cubrían territorios en la ciudad capital de San Salvador y sus alrededores, dos cubrían el interior (todas las partes de El Salvador fuera de San Salvador), uno se concentraba en vender artículos de tocador a las farmacias, y uno era un vendedor industrial. Salvo estos dos últimos, todos manejaban el Fab Blanco y el Fab Azul.

La gerencia de Colgate estimaba que había aproximadamente 3.600 abarroterías en El Salvador. La fuerza de ventas de Colgate cubría 2.300, o sea, aproximadamente un 64% de éstas, directamente. También vendía a aproximadamente 12 mayoristas locales que, a su vez, servían a algunos de los detallistas que eran demasiado pequeños para ser visitados por un vendedor de Colgate. En suma, los vendedores manejaban 26 distintos productos Colgate. Sin embargo, de 20% a 25% de su tiempo de venta era dedicado a los detergentes.

El Sr. Asturias creía que la fuerza de ventas de Colgate era una de las más fuertes en El Salvador. Ésta era capaz de suministrar un apoyo mucho más fuerte para productos tales como el Fab Blanco y el Fab Azul que el que se podía obtener a través del uso de agentes independientes. Al comentar sobre este punto, el Sr. Asturias dijo:

> Creo que la razón principal por la cual hemos obtenido más éxito con el Fab que el obtenido por Procter & Gamble y Kativo con sus detergentes se debe a que tenemos nuestra propia fuerza de ventas, mientras que ellos tienen que trabajar con distribuidores de líneas amplias, sobre cuyas actividades tienen poco control. Por otra parte, una de las razones por las que al Rinso le ha ido tan bien hasta la fecha es porque está siendo empujado por una de las organizaciones de venta más grande y más fuerte en todo El Salvador.

La introducción del Rinso

Unisola introdujo el Rinso en agosto de 1964, con una campaña de mercadeo que la gerencia de Colgate describió como "una de las más masivas que jamás se hayan visto en El Salvador." Según las palabras del Sr. Asturias: "Desde el primer día se hizo evidente que ellos (Unisola) estaban determinados a penetrar en el mercado no importaba cuánto costase." La campaña se inició con el uso de un helicóptero que dejaba caer sobres de Rinso en todo el centro de San Salvador. Luego pasó un desfile de muchachas que distribuyó sobres en la puerta de casi cada hogar en la ciudad. Esta campaña fue seguida de dos vastas promociones a los consumidores, comenzando la una en septiembre y la otra a fines de octubre. La primera era una oferta de premio de inmediata realización mediante la cual los consumidores podían obtener una vasija de plástico para lavar, a cambio de la tapa de una caja de Rinso (más US$0,95 en efectivo). La segunda era la promoción del 'Sr. Rinso' en la cual un hombre (un empleado de la empresa que se vestía de mascota), llamado el 'Sr. Rinso,' visitaba los hogares en vecindarios preanunciados. Cualquier ama de casa que tuviese una caja o un sobre cerrado del Rinso a mano cuando la visitase el Sr. Rinso recibiría US$2,00. Estas dos promociones competitivas fueron efectuadas en gran escala y fueron cosideradas por la gerencia de Colgate como altamente eficaces.

La actividad promocional para el Rinso estuvo acompañada de una campaña publicitaria intensiva que hacía un fuerte uso de casi todos los medios de publicidad. La gerencia de Colgate estimó que en los primeros tres meses que siguieron a la introducción del Rinso, Unisola gastó de US$20.000 a US$30.000 sólo en medios de publicidad.

El Rinso se vendía a los detallistas a un precio que era de aproximadamente un 10% menor que los precios cobrados por Colgate, Procter & Gamble y Kativo por sus detergentes. Sin embargo, puesto que tanto Colgate como Procter & Gamble habían seguido con frecuencia la práctica de dar a los detallistas una caja de mercadería gratis por cada compra de 10 cajas, realmente no resultaba claro si Unisola estaba conscientemente tratando de vender a menor precio que las marcas competitivas o si solamente estaba tratando de igualarlas. En cualquier caso, el precio que Unisola recomendaba para el Rinso era idéntico a los precios recomendados por todas las marcas competidoras.

Para vender el Rinso al comercio, Unisola usó una compañía distribuidora distinta, la Distribuidora S.A.[1] Además del Rinso, la Distruibuidora S.A. (compuesta de una fuerza de ventas de 16 hombres) manejaba un número de otras marcas de productos alimenticios. No obstante, la gerencia de Colgate creía que durante el otoño de 1964 la Distribuidora S.A. dedicó más esfuerzo a la venta del Rinso que el que dedicó a la venta de cualquier otro producto. Para asegurar una amplia distribución del Rinso, Unisola aparentemente había autorizado a los vendedores de la Distribuidora S.A. a pagar a cada detallista que se surtiera y exhibiera el Rinso una **bonificación** directa de US$8,00. Según la gerencia de Colgate, ésta era una táctica que jamás había sido empleada en El Salvador. Comprensiblemente, la táctica resultó ser bastante eficaz. Un mes o dos después de su introducción, el Rinso estaba en los anaqueles de casi cada detallista que anteriormente tenía a la venta cualquier otra marca de detergente.

La reacción inicial de Colgate a la introducción del Rinso

La gerencia de Colgate en El Salvador tuvo conocimiento de los planes de Unisola para introducir el Rinso con mucha antelación a la fecha de lanzamiento real. Entre otras cosas, el progreso logrado en la construcción de la planta de detergentes de Unisola suministró una indicación más o menos buena de la época en que aparecería el Rinso.

En julio de 1964, cuando era evidente que la fecha de lanzamiento del Rinso era inminente, la gerencia de Colgate dirigió una promoción anticipatoria especial. Esta promoción, que fue diseñada para cargar los anaqueles de los distribuidores y consumidores, consistía de una 'oferta gemela.'

[1] La Distribuidora S.A. era propriedad de una familia salvadoreña que poseía la mitad de Unisola. Esta familia también tenía intereses en la margarina (tenía su propia fábrica que producía la marca de mayor vanta en El Salvador), las sopas deshidratadas, el jabón de lavar, el café y varios otros productos. Para distribuir los productos fabricados en sus distintas fábricas, la familia había establicido la Distribudora S.A. como compañía distribuidora aparte. Estaba considerada por muchs en la industria como una de las más fuertes organizationes de vanta en El Salvador, con una fuerza de vantas de 16 empleados, 10 empleados adicionales permanentemente dedicados a la venta 'misionera' y una flotilla de camiones.

Por cada compra de dos cartones del Fab de tamaño grande, se les daba gratis a los consumidores un envase con blanqueador Ajax, un nuevo producto que Colgate estaba introduciendo en El Salvador. Aunque esta promoción recibió amplia publicidad, la gerencia de Colgate opinaba que sólo obtuvo un éxito moderado. Se creía que el problema radicaba, por una parte, en el hecho de que el blanqueador Ajax aún era muy poco conocido para atraer a los consumidores y, por otra, en el hecho de que el costo total de la 'oferta gemela' era relativamente alto (US$1,00).

El siguiente paso que Colgate dio para combatir al Rinso fue una amplia campaña de ventas de casa en casa que comenzó el mismo día en que el Rinso fue introducido públicamente. En esta camapaña, tres cuadrillas de seis representantes de ventas visitaron los hogares en toda el área de San Salvador. Si la señora de casa ya era usuaria del Fab, se le ofrecía la oportunidad de comprar tres cartones por el precio de dos. Si, por otro lado, no era usuaria y no estaba interesada en comprar, se le daba un sobre del Fab Azul de muestra. Aunque relativamente cara, esta campaña tuvo bastante éxito: en casi un 70% de los hogares visitados se consiguió una compra. No obstante, la campaña realmente no alcanzó a suficientes hogares como para ser un impedimento eficaz general para el sólido programa de mercadeo del Rinso.

Unida a esta campaña de ventas de puerta en puerta, Colgate también efectuó un modesto programa de promociones para el Fab en las tiendas. A modo de un pequeño 'extra,' los consumidores recibían gratis un sobre de Fab con la compra de un cartón de Fab. Al mismo tiempo, a algunos de los grandes distribuidores se les ofrecía una asignación suplementaria para publicidad con la esperanza de alentarlos a efectuar más 'especiales de fines de semana' con el Fab.

En otro esfuerzo para combatir al Rinso, a fines de septiembre de 1964 Colgate comenzó una promoción especial de Fab de inmediata realización. En ésta, a los consumidores se les ofrecía la oportunidad de obtener una toalla de baño grande por US$0,60 (más tres tapas de cajas de Fab o cinco sobres vacíos de Fab).

El futuro

A pesar de las medidas defensivas que acaban de ser descritas, era evidente que para noviembre de 1964 el Rinso había ganado considerable terreno en el mercado salvadoreño y el Fab Blanco y el Fab Azul estaban sufriendo. La porción de mercado combinada para ambas marcas de Colgate no sólo había descendido significativamente, sino que las ventas estaban en aproximadamente un 15-20% por debajo de las cantidades presupuestadas. Ofrecía poco consuelo saber que Unisola casi seguramente estaba sufriendo más perdidas cuanto más se enfrascaba en su campaña de mercadeo para el Rinso. Según el Sr. Asturias:

> La gerencia de Unisola probablemente se dio cuenta desde el comienzo que durante un año o dos perderían cantidades considerables de dinero con el Rinso a fin de que éste obtuviese una porción significativa del mercado. Sin duda ellos consideran estas pérdidas como una inversión en mercadeo que vale la pena. El hecho de que ahora ellos estén perdiendo dinero, sin embargo, no hace más fácil el competir con ellos.

Al pensar en el futuro, el Sr. Asturias opinaba que la decisión básica a la que se enfrentaba Colgate en El Salvador era o bien la de aumentar los gastos de mercadeo aún más a fin de preparar un fuerte contraataque al Rinso, o bien la de seguir una política de mantener la línea, tratando de conservar una porción de mercado tan alta como fuese posible, sin aumentar significativamente los gastos de mercadeo. El Sr. Asturias estaba consciente de que la primera alternativa podría resultar bastante costosa y hasta podría desembocar en considerables pérdidas operativas. Por otra parte, la segunda alternativa podría costar a Colgate su liderazgo en el mercado en una base permanente.

Términos de gerencia

Bonificación: Rebaja (o descuento) que se paga sobre el precio de un producto.

Encuesta: Método empleado para conocer la opinión pública, normalmente por medio de un cuestionario oral o escrito.

Franquicia: El lugar en el que se otorga el derecho de vender un producto. También se dice del mismo privilegio otorgado.

Mayorista: Comerciante que vende al por mayor.

Tasa de crecimiento: Medida a la que aumentan las circunstancias económicas de un mercado o una empresa.

Preguntas

1. ¿Es el negocio de detergentes para lavar ropa tan competitivo en los EE.UU. como en El Salva dor? ¿Puede usted dar ejemplos?

2. ¿Opina usted que el gasto promocional de Unisola para lanzar el Rinso al mercado salvadoreño se justifica a largo plazo?

3. ¿Qué tan fácil o difícil sería lanzar una nueva marca de detergente en El Salvador? ¿Piensa que hoy sería tan costoso lanzar un producto así en Centroamérica como en los EE.UU.? ¿Seguiría usted la misma estrategia en los EE.UU. que la que siguió Unisola en El Salvador?

4. ¿Cuál es la forma más común (en los EE.UU.) de promocionar un detergente por televisión? ¿Cómo son los personajes que aparecen generalmente en este tipo de anuncio? ¿Cuál es el guión más utilizado?

5. ¿Cree usted que ha habido un cambio drástico en los anuncios de detergentes por televisión en los últimos 20 años? Justifique su respuesta. ¿Cuáles variaciones diseñaría usted y con qué finalidad las propondría?

6. ¿Cuáles posibilidades de contraatacar al Rinso tiene Fab en El Salvador?

7. ¿Qué consejos le daría usted al Sr. Asturias para el futuro de la empresa?

Temas para discutir o escribir

1. Las ventajas y desventajas de hacer encuestas en el hogar.

2. La historia de Colgate-Palmolive en el mercado latinoamericano en los últimos años.

3. Las ventajas y desventajas para una empresa multinacional de utilizar distribuidores locales al entrar en un nuevo mercado.

4. La importancia de las estrategias de promoción y publicidad en un nuevo mercado.

5. Las mejores formas de conocer los gustos y las aversiones de un nuevo mercado.

6. Los medios modernos de publicidad. ¿Cuáles son los más eficaces? ¿Por qué?

Caso 6: Colombiana de Textiles Ltda. (Coltextiles)

Caso 6: Colombiana de Textiles Ltda. (Coltextiles)

Enfoques principales: Estrategia, mercadeo y publicidad

Introducción

Este caso hace hincapié en los aspectos de estrategia, mercadeo y publicidad empleados por una compañía al estudiar un mercado y determinar la forma más apropiada de presentarlo con productos textileros hechos con la fibra de poliéster, una fibra relativamente nueva por aquel entonces. Además, conociendo el gran éxito que esta fibra artificial ha tenido en el mundo moderno, el interés de este caso recaerá, sin duda, en la descripción detallada de la etapa primitiva de su introducción al mercado colombiano.

Historia

Coltextiles es una empresa textilera fundada en Manizales, Colombia, en 1938 y trasladada en 1946 al área metropolitana de Bogotá. La empresa cuenta hoy en día con activos que llegan a los Col.$250.000.000. Su firme y sorprendente desarrollo es una muestra clara del dinamismo de sus fundadores y de su actual administración.

La empresa se ha caracterizado en el mercado nacional por su dinámica organización y la libertad de acción de sus trabajadores. Esta libertad, en la que se inspira la iniciativa personal y el espíritu de progreso de los trabajadores, es responsable, en parte, tanto del clima de buenas relaciones laborales que siempre ha existido en la empresa como de la baja rotación del personal en la misma. Ha sido también preocupación primaria de la empresa el sacar al mercado productos de alta calidad que muestran las últimas tendencias de la moda y el progreso textilero. Por ello ha sido Coltextiles una de las primeras compañías en sacar al mercado productos de fibra poliestérica. Sus telas (a base de fibra de algodón) son ampliamente aceptadas en el mercado tanto local como nacional. La empresa lleva a cabo la distribución de sus productos de dos maneras:

1. por la línea mayorista-minorista-consumidor final
2. directamente a confeccionistas a base de pedidos

Su experiencia con fibra poliestérica data de cinco años atrás y, fuera de su afán de innovar, la empresa se ha visto impulsada por el interés de dotar al mercado colombiano de un producto:

- de alta calidad
- resistente a la arruga
- fácilmente planchado
- que no presente el problema de encogimiento

Inicialmente, Coltextiles dedicó el 0,2% de sus telares a la producción del nuevo producto. Fue incrementando este porcentaje a medida que obtuvo la técnica adecuada y la capacitación del personal. Consciente de su afán de progreso y deseosa de conocer las perspectivas del mercado para su productos-sobre todo después de que las otras grandes empresas textileras colombianas también entraran de lleno a producir fibra poliestérica-Coltextiles inició una investigación de mercadeo esperando tener una estrategia más firme y realista.

Métodos de investigación

Se estudiaron varias regiones colombianas (clasificadas por núcleos demográficos) alrededor de las ciudades más representativas, tales como:

- Bogotá (área central)
- Medellín (área noroccidental)
- Barranquilla (área de la costa)
- Cali (área suroccidental)

La técnica se concentró en varios factores claves, como las categorías demográficas y de nivel social e ingresos, así como las categorías de ocupación y nivel educacional. Se estudió además el mercado del confeccionista en las diversas áreas mencionadas. No se determinó matemáticamente el tamaño de la muestra por falta de un censo completo de la industria textil y sus sistemas de distribución.

La muestra, sin embargo, se consideró representativa y válida, ya que la experiencia demostró que el tamaño de la muestra no modificaba en forma apreciable las variables bajo estudio. Se hicieron un total de 320 encuestas entre mayoristas, minoristas y confeccionistas.

Resultados de la investigación y conclusiones sobre el producto

La investigación produjo los siguientes resultados:

1. La aplicación más conocida de las telas a base de fibra poliestérica es la de vestidos de mujer. Para otras aplicaciones es muy poco conocida.
2. El mercado más fuerte para el poliéster está en el área de Medellín, centro de las grandes empresas. En las demás áreas el poliéster es muy poco conocido.
3. La opinión de las agencias no se identifica con la opinión de los detallistas en lo que respecta a la aceptación del producto.
4. A pesar de ser una línea ya en su quinto año de existencia, no se ha logrado consolidar en el mercado con firmeza.
5. Hay un desconocimiento generalizado de los clientes sobre la línea.
6. En el pasado, prácticas comerciales poco honradas (que ofrecían como poliéster productos falsificados) han sembrado el desconcierto en el consumidor final, además de que la competencia ha causado continuos cambios en el producto.
7. Los detallistas de confecciones muestran muy bajo conocimiento sobre la naturaleza de las telas de sus productos. Se identifica la personalidad de los productos más con el fabricante que con los materiales con los que la confección está hecha.
8. Al fijar precios, no se ha tenido en cuenta que los sistemas de club y descuentos no están igualmente desarrollados en todas las áreas, dando así ventajas a los compradores en las áreas de mercadeo fuerte a base de crédito.
9. A los niveles actuales de precios parece que hay una superproducción de poliéster en el país.

Conclusiones sobre la comercialización de poliésteres

Después de la investigación, se concluyó lo siguiente:

1. El bajo conocimiento de los productos de fibra poliestérica lanzados al mercado por la industria textil colombiana causa la impresión de que: a) la distribución inicial del producto era deficiente y b) no había justificación para la gran variedad de productos que se lanzaron al mercado en forma casi masiva.
2. Las mejores condiciones comerciales para el poliéster parecen ser: 10% de descuento a 30 días y 5% a 60 (o 90) días.
3. El éxito en lograr un volumen de ventas para la línea depende más de la habilidad del vendedor para desalojar la competencia que de la existencia de una gran demanda primaria por la fibra.
4. En general, el servicio de ventas de los confeccionistas es aceptable. Existe, en cambio, descontento en el servicio ofrecido por los textileros a los mayoristas y por éstos al detallista y pequeño confeccionista.
5. Del total de la producción de telas de poliéster de Coltextiles, el 60% es consumido por los confeccionistas y el 40% restante por el público de mostrador. De este segundo grupo, el 90% son mujeres.
6. La venta al confeccionista se hace por pedido directo.

Conclusiones sobre el mercado

La investigación concluyó lo siguiente sobre el mercado de Coltextiles:

1. Aunque se han establecido algunas normas de consumo para el poliéster (camisería, pantalonería, vestido de mujer y hombre) hay todavía mucha confusión en cuanto a las aplicaciones y propiedades del producto.
2. El uso de materiales inadecuados por parte del confeccionista, como el hilo de algodón, la entretela de algodón, etc., echan a perder muchas de las ventajas funcionales de la fibra poliéster.
3. La falta de identificación del productor de la tela en el orillo ha dado oportunidad a muchos comerciantes 'piratas' para vender mercancía falsificada como poliéster.
4. Hay gran variedad de nombres de telas y de fibras en poliéster. Estas variedades han terminado por confundirse con las otras fibras como rayón, nilón, orlón, tricosa, etc.
5. La proliferación de mezclas, fibras y formas de asociación existentes exigen marcar claramente los porcentajes de mezclas con poliéster.
6. Se ha econtrado el uso indebido de marquillas, sobre todo en la pequeña confección, para identificar productos que no son cofeccionados con poliéster.
7. Cada empresa productora debe preocuparse de que las telas en fibra poliestérica que salen de su fábrica bajo su nombre constituyan la mejor garantía de calidad y pureza de las mismas.

Estudio sobre el consumidor final

Se hicieron 861 encuestas a compradores de telas dentro de almacenes detallistas. La muestra se hizo exclusivamente entre amas de casa y empleadas de la clase media por ser éste el mercado actual de poliéster y la meta primordial de la estrategia de mercadeo. Para este análisis no se vio la necesidad de discriminar las repuestas por clases sociales.

Los resultados se obtienen dividiendo las opiniones entre amas de casa y empleadas, área por área, para analizar separadamente los grupos con diferencias marcadas. No se totalizan los resultados a nivel nacional para permitir el análisis de cada zona. A la lista de productos sintéticos la empresa incorporó sus dos marcas de poliésteres-Coltrón y Ultratren-con el fin de que los resultados finales revelasen la posición de estas marcas frente a las variables analizadas.

Hipótesis sobre los resultados de las encuestas

Las 861 encuestas a compradores produjeron las siguientes hipótesis sobre el mercado de Coltextiles:

1. El consumidor sabe que el Primel, Dacrón, Celtrel, Tecrón, Celtacrón, Coltrón, Textrón, Untraten, etc., son el mismo producto vendido con diferentes marcas.
2. El consumidor sabe que telas idénticas con marcas como Dacrón, Primel, Celtrel, Tecrón, etc., no arrugan, secan fácilmente, no necesitan plancha, son frescas, no encogen, caen bien, son de colores firmes, valen lo que cuestan y son resistentes.
3. El consumidor conoce el poliéster.
4. El consumidor sabe que telas hechas con fibras poliestéricas (identificadas con el término genérico y no mediante marcas de fábrica) no arrugan, secan fácilmente, necesitan poca plancha, son frescas, no encogen, caen bien, son de colores firmes, valen lo que cuestan y son resistentes.
5. El consumidor sospecha que 'el poliéster' es el término genérico para Dacrón, Primel, Celtrel, etc.
6. El consumidor sabe que Coltextiles produce poliéster.
7. El consumidor identifica las telas a base de fibras poliestéricas por el brillo, los colores, la marca en el orillo, lo que dice el vendedor, el tacto y la prueba manual para ver si la tela se arruga.

Estos resultados sobre el producto, la comercialización, las relaciones públicas, el mercado en general y el consumidor final fueron enviados a una agencia de publicidad de Medellín-Bogotá para que creara una campaña publicitaria para el próximo período de operaciones.

Plan publicitario

Tomando en cuenta los resultados de la investigación de Coltextiles, dicha agencia envió el siguiente plan publicitario.

El poliéster es un producto nuevo en Colombia. Si bien parte del público consumidor ha venido usando telas a base de fibra poliestérica, lo ha venido haciendo en forma desordenada y sin preocuparse mucho por el manejo especial que requiere este material. Como es natural, este desconocimiento de las propiedades y manejo de las fibras de poliéster presenta un grave problema para la publicidad de una marca. Cuando el término genérico (como 'cerveza,' 'algodón,' 'lana,' 'gasolina,' etc.) es lo suficientemente conocido, la publicidad se concentra en promover propiedades, usos, belleza, comodidad, etc., sin tratar de enseñar al público las condiciones de manejo que requiere cada producto. Pero cuando el genérico no es conocido, como es el caso en Colombia de la fibra poliestérica, hay que comenzar por educar al público en el manejo, propiedades, etc., del nuevo material.

El caso colombiano es especial, porque las telas y fibras a base de poliéster han entrado en el mercado por varios canales, con distintas marcas y nombres extraños al lenguaje común, creando una gran confusión entre el público consumidor. Sin embargo, ninguna de las marcas existentes ha iniciado una verdadera campaña de educación al cliente. La publicidad que actualmente se ve y escucha en los medios colombianos da la impresión de que la fibra poliestérica es tan conocida como el café, la lana, el algodón, el agua, etc. En Colombia, mucha gente sabe cómo lavar, planchar, limpiar y coser un vestido de lana o de algodón. Pero, ¿esta gente sabe cómo hacer estas cosas con las telas a base de poliéster? En Europa y los Estados Unidos, estas modernas fibras han entrado al mercado hace ya varios años y por lo regular lo han hecho con una sola marca. Por lo tanto, los fabricantes se han ocupado en primer término de educar al público sobre el manejo, propiedades, etc., y, luego, una vez que el público estaba ya familiarizado con el poliéster como lo estaba con la lana y el algodón (es decir, cuando el público ya conocía el genérico), se han promovido los atributos (tales como la belleza y la comodidad).

Entonces, las cuestiones planteadas son las siguientes:

- ¿Deberán, pues, las empresas productoras de esta fibra en Colombia, y entre ellas Coltextiles, dedicarse a educar al público sobre el uso y manejo de las telas a base de fibra poliestérica?
- ¿Si una sola empresa iniciara esta campaña, no existiría el peligro de que el público pensara que solamente los productos de tal empresa requerían un manejo especial y, por tanto, optaría por comprar otras marcas con menos condiciones?
- O, en cambio, ¿podría uno atenerse a que el consumidor inteligente reconociera la necesidad de manejar en forma especial esa y otras telas hechas a base de poliéster y consumiera indistintamente cualquier marca?

En este momento, se está precisamente en una encrucijada, pues se necesita educar al público y esto no puede ser tarea de una sola empresa. Debe ser un esfuerzo mancomunado de todos los productores de fibras poliestéricas.

Siendo el 'caso poliéster' un problema común a varias compañías, lo más conveniente sería ponerse de acuerdo con el gremio y preparar una campaña educativa patrocinada por todos los interesados. Nuestra agencia publicitaria estaría quizás en condiciones de preparar esta campaña y la sometería a consideración de los interesados, siempre y cuando fuese posible llegar a un entendimiento con los diferentes fabricantes de fibras y telas a base de poliéster. Conforme a las investigaciones realizadas, y a los detenidos estudios llevados a cabo por expertos en la materia, se ha llegado a la conlusión de que no existe ninguna diferencia, explotable publicitariamente, entre las fibras poliestéricas usadas actualmente en el país. Salvo algunos detalles, todas ellas presentan las mismas caracaterísticas y pueden considerarse como un producto igual, como la materia prima donde un artífice ejecuta su obra. La diferencia, por tanto, se le dará al artífice.

Una pequeña investigación

Teniendo en cuenta las bases ya anotadas sobre el tipo de consumidor, se llevó a cabo una serie de encuestas en el campo femenino. Se buscaba saber cuál era el conocimiento del poliéster que la mujer tiene en la actualidad y si el nombre de la fibra en sí es para ella motivo de compra. El despliegue publicitario realizado por algunas firmas competidoras obligó a Coltextiles a llevar a cabo una investigación (con la ayuda de la agencia publicitaria) para ver si las campañas presentadas habían tenido éxito en formar una verdadera conciencia en el consumidor alrededor de tan importante y moderna fibra. Las conclusiones fueron las siguientes:

1. La mujer promedio tiene conciencia de la existencia de una tela más, que tal vez tenga cualidades propias. Pero, de todos modos, no posee una visión clara en torno a sus características. Sólo piensan que arruga poco y es fácil de planchar.
2. Las fibras anunciadas con nombres propios no implican la necesaria identificación del esfuerzo de quienes las producen.
3. La publicidad realizada hasta el momento por la competencia no ha sembrado la idea de los usos específicos de la fibra (salvo lo anotado en el numeral 1).
4. En el campo propiamente de las telas producidas a base de poliéster, se encontró que la mujer considera que se trata de un 'dacroncito,' término usado en el momento de la compra, según lo revela la encuesta. En resumen, parece que muchas mujeres conocen la existencia de una fibra a la que llaman 'dacroncito,' base de las telas novedosas que no se arrugan y se planchan fácilmente, pero sin la necesaria identificación de marca ni de fábrica.

Recomendaciones

De lo expuesto hasta aquí, se desprende que, en el campo de mercadeo, la competencia ha desarrollado unas campañas tendientes a acreditar una nueva fibra poliestérica y, afortunadamente para Coltextiles, del prospecto no se han grabado en forma cabal más que algunas elementales características, sin identificar a un determinado productor y desconociendo la enorme gama de posibilidades y ventajas de los productos hechos a base de ella.

Esta razón ha llevado a que se recomiende para Coltextiles una campaña publicitaria, de carácter 'selectivo,' con el fin de crear para sus productos una imagen definida en el mercado. Esta campaña tendría un carácter netamente vendedor. Así, se sugiere que el producto se identifique con el nombre genérico, seguido del nombre de la empresa productora: 'Poliésteres Coltextiles.' De tal modo quedaría comprendido tanto el producto Coltrón como el Ultratén. Se haría un énfasis primario en la calidad del producto y al mismo tiempo se buscaría consolidar el nombre de Colombiana de Textiles. Se consideró también que los nombres de los productos, individualmente considerados, corren el riesgo, por diferentes razones, de tener que ser retirados del mercado con la consiguiente pérdida real para la compañía, al menos en lo que atañe a las inversiones publicitarias que son un factor de acumulación en el prestigio mismo del producto.

Orientación de la campaña y propuestas específicas

En función de las consideraciones anteriores, Coltextiles prospectará una campaña de orientación femenina que, al mismo tiempo que forme una imagen de prestigio del producto, sirva de base a una segunda promoción dirigida a los confeccionistas. Se hará un gran esfuerzo en lograr la forma más expresiva posible que sirva para captar la atención de la mujer y transmita los mensajes de tipo vendedor. Se tratará de acatar el principio sicológico femenino de las técnicas visuales que se emplean en la representación gráfica de las ideas y que contengan dosis de originalidad y modernidad para retener la curiosidad de la mujer en forma considerable, tanto sobre la imagen en sí como sobre los símbolos y colores que se utilicen. El poder receptivo de la mujer se afecta pues en forma inmediata cuando se le da la dosis de espectacularidad requerida por la conformación misma de la idiosincracia femenina.

Para tener éxito ante este tipo de consumidor, los argumentos de venta han de presentarse, ante todo, en forma agresiva, moderna y práctica. Sólo así se logrará que la mujer se identifique con el mensaje, los argumentos, las gráficas y las relaciones consigo misma. Cada término, cada descripción y cada argumento ha de tener un impulso motor que impela a mirar, a escuchar, a detenerse, a analizar el mensaje, a comparar y, finalmente, a consumar la compra.

Con base en lo dicho, el argumento de la campaña es el siguiente:
Existen unas fibras modernas con las cuales se fabrican telas. Esas fibras tienen iguales características. Sin embargo, nuestra empresa (Coltextiles) lanza al mercado una tela que, a esos comunes rasgos, une ciertas ventajas propias que la hacen diferente por su exclusividad y alta calidad. En esta forma canalizaremos hacia nuestra empresa esa idea nebulosa que tiene el consumidor, de que existe una tela nueva, hablándole en forma clara y recordándole las características. Después, al promover nuestros productos, dejamos espacio para ese 'algo más' que le ofrecemos. Es tan obvio el poder de estas palabras que no será necesario emplear alguna argumentación adicional de tipo racional. Esta forma de presentación se usará en la radio, la prensa, el cine, la televisión y las revistas. Como punto de atracción visual que detendrá las miradas y las llevará a los argumentos de fuerza vendedora, incluimos dos lemas publicitarios, que, aparte de llevar la dosis necesaria de venta, concretará el argumento de que 'sólo ahora existe algo así.' En suma, el lanzamiento de esta campaña asegurará la satisfacción del 'deseo de la mujer' en los campos de la presentación, buen gusto y comodidad de su vestido.

Otros aspectos de la campaña

1. Color

Dentro de la técnica moderna de la motivación parece indiscutible que el color es arma fundamental en la atención y la percepción del mensaje publicitario. Por ello, adaptaremos algunos colores claves que se convertirán en el símbolo de la exclusividad de nuestra empresa. Es apenas lógico que estas cualidades, que pudieran conformar atributos propios de nuestros productos, a pesar del riesgo de homogeneidad en lo que toca a la fibra, habrán de ser materias de argumentos publicitarios separados en futuras proyecciones de la campaña, descomponiendo en gráficas individuales cada uno de los usos y cada una de las ventajas que predicamos como propias y exclusivas, a saber, mejor tejido, rígidas pruebas de laboratorio, diseños exclusivos, etc.

2. Ilustraciones

Solicitaremos los servicios de modelos jóvenes que no aparecen en campañas de firmas competidoras y que den la impresión de novedad publicitaria. Mediante poses 'atrevidas,' presentaremos como muestra cinco avisos de prensa que proyectarán un doble mensaje:

1. maximizar el efecto de impacto, presentando cada modelo en cuatro poses diferentes.
2. demostrar los diferentes usos del poliéster mediante trucos fotográficos, de tal manera que cree conciencia de las ventajas y variados usos del poliéster. Además, cada lema publicitario debe ser tal que combine el mensaje de buena calidad con la exclusividad de las telas Coltextiles.

3. Vehículos Publicitarios

Hecho el estudio de los medios más apropiados para ese tipo de campaña, y fijada la cuantía a invertirse, se empezarán a preparar proyectos publicitarios para revistas, cine, televisión, prensa y radio. Se utilizarán también 'desfiles de modas' exclusivos, los cuales irán acompañados de su respectiva publicidad. Estos desfiles se llevarán a efecto en los más prestigiosos centros sociales.

4. Etiquetas y fajas

Como complemento a los vehículos publicitarios señalados, se presentarán sendos proyectos para etiquetas y fajas, en los que se notará la misma coordinación en lo que concierne al desarrollo gráfico para publicidad de tipo selectivo.

5. Cunas de radio

Los mensajes radiales tendrán la misma finalidad ya anotada, haciendo hincapié en las dos ideas centrales: calidad y exclusividad. Tendrán también el objetivo de mantener viva la imagen de la empresa en la mente del público y de lograr un cierto nivel de saturación.

Conclusión

Los ejecutivos de Colombiana de Textiles están en este momento estudiando la campaña publicitaria propuesta en forma exhaustiva. Sin embargo, se encuentra alguna discrepancia en la forma en la que algunos de ellos conciben la finalidad de la misma. Unos creen que la primera parte de la campaña, dedicada a crear demanda primaria en el mercado, debe descartarse por completo, pues consideran que sería un esfuerzo demasiado costoso, dado el continuo ingreso de competidores al mercado. Otros la consideran como presupuesto esencial y base imprescindible del esfuerzo de carácter institucional y selectivo que se proyecta. Otros no son muy entusiastas por lo que respecta a la promoción dedicada a los confeccionistas, pues creen que una campaña de tipo general cubrirá este campo. Hay otros, finalmente, que consideran que es una pérdida total de tiempo y dinero cualquier esfuerzo publicitario encaminado a crear una campaña selectiva, pues creen que el nombre de la empresa no puede ni ejercer influencia en este sector del mercado ni impulsar la compra. Un ama de casa compra un producto que le gusta en un momento dado, sin atender a quién ni a cómo se produjo tal o cual producto. Esto es evidente sobre todo en el sector de confecciones y estampados. Los que así piensan recomiendan que la empresa continúe concentrando su esfuerzo publicitario en todos los productos, sean éstos algodones, sedas o poliésteres.

La empresa, finalmente, espera llegar, en el próximo año, a un volumen de ventas **brutas** del orden de los Col.$120.000.000, lo que le dejará aproximadamente utilidades brutas de 20 a 30 millones y netas de 7 a 10 millones para todos sus productos.

Términos de gerencia

Faja: Sinónimo de etiqueta (en el sentido de 'letrero publicitario').

Lema: Una frase, relacionada de alguna manera con un producto, que se usa para publicidad.

Bruto(a): La cantidad (de ventas, ganancias, etc.) que resulta sin tomar en cuenta deducción alguna (por oposición a 'neto,' la cantidad que queda después de deducciones).

Preguntas

1. ¿Cuáles eran los rasgos que buscaba Coltextiles en su fibra poliestérica?

2. ¿Por qué inició Coltextiles una investigación del mercado textilero?

3. ¿En qué consistía la investigación?

4. ¿Cuáles fueron los problemas (con el mercado textilero) que los investigadores descubrieron?

5. ¿Qué opina usted del plan de la agencia publicitaria? ¿A qué tipo de consumidor está dirigido el plan propuesto por la agencia?

6. ¿Cómo reaccionaron algunos de los ejecutivos de Coltextiles ante el plan? Con base en los comentarios del caso, descubra y analice las razones por las que los ejecutivos de Coltextiles no pueden encontrarse en unanimidad en lo que respecta al esfuerzo publicitario proyectado. ¿Está usted de acuerdo con ellos? ¿Por qué?

7. ¿Qué consejos daría usted a los ejecutivos de Coltextiles sobre la promoción de su producto?

Imagine que usted es dueño de una agencia publicitaria y que los ejectutivos que no están de acuerdo con el plan propuesto en este caso le piden a usted que haga un nuevo plan de promoción:

- Elabore un plan publicitario para la empresa, que consulte el interés que ésta tiene en promover sus productos con fibra poliestérica. A tal efecto, puede considerarse como política de inversión publicitaria el 1,8% sobre ventas brutas.
- Elabore un lema publicitario que sirva de tema para el plan en prospecto.

Temas para discutir o escribir

1. El mercado textilero moderno: ¿Ha cambiado en los últimos años? ¿Han cambiado los medios de publicidad?

2. Piense en algunos productos textileros que han entrado en el mercado últimamente, ¿en qué maneras han sido presentados al consumidor?

3. La importancia de tener un lema publicitario.

Caso 7: ¿Médicos o gerentes?

Caso 7: ¿Médicos o gerentes?

Enfoques principales: Organización, mercadeo y contabilidad

Introducción

Este caso pone en evidencia cómo una organización inadecuada se convierte en obstáculo para alcanzar los objetivos que fundamentan su propia creación. En particular, es la estrategia de mercadeo la que se ve afectada, puesto que la deficiencia organizacional resulta en una falta de control de gestión y de recursos financieros y humanos. Esto ocasiona una serie de gastos y produce una administración ineficiente del presupuesto, impidiendo llevar adelante las medidas necesarias para ofrecer el producto deseado (en este caso, un servicio).

La organización del Centro Policlínico Venezuela (CPV)12 ha creado a su vez conflictos de interés que entraban en el diseño e implementación de la estrategia de mercadeo, ya que el choque de posiciones (i.e. médicos frente a gerentes) dificulta que se establezcan prioridades y que éstas se apoyen con las medidas financieras apropiadas. Vemos que, ante la barrera financiera, debe necesariamente diseñarse una organización que traduzca acertadamente la estrategia de mercadeo.

La disyuntiva que sirve de título para este caso nos sitúa en el punto álgido del análisis y nos proporciona la base para un ejercicio interesante de discusión. El estudiante es llevado a considerar, más abiertamente, el significado de la gerencia, pues este caso expone claramente la conexión íntima que la gerencia tiene con todo tipo de actividad que involucre recursos y personal.

Historia

Lo que sigue es una conversación entre el Dr. Esteban Camacho y el Dr. Amilcar Gutiérrez, jefe del servicio de emergencia del CPV, sobre algunos problemas económicos que tiene la clínica donde los dos trabajan.

"Buenos días Esteban, ¿sabes la última?"

El Dr. Gutiérrez saluda al Dr. Camacho. Y, como habitualmente, se sienta a la mesa del cafetín donde el Dr. Camacho toma su desayuno antes de iniciar su consulta privada como médico internista.

"¿Cuál? ¿Otra cura para el resfriado común?"

Responde el Dr. Camacho, y Gutiérrez continúa:

"¡No, pero casi! Ayer, la señora Ortega, de administración, me visitó en emergencia. ¡Venía casi de emergencia! Quería mostrarme unos datos de la revisión administrativa que están realizando. Según ella, ¡mi unidad produce pérdidas! ¿Tu has visto? Yo no sé cómo sacarán esos números. Pero lo que todo el mundo sabe es que emergencia le produce mucho al centro policlínico."

El Dr. Camacho, levantándose apurado de la mesa, dice:

"Cálmate viejo. Ahora, con las ideas de expansión, todo el mundo anda como loco sacando cuentas. Menos mal que lo mío es sólo el consultorio y el quirófano. Nunca he querido enredarme en esos rollos administrativos. Para eso están los gerentes, ¡yo soy médico!"

"Sí," responde Gutiérrez, "pero pronto tú también verás las consecuencias. ¿O cómo crees que se van a conseguir los reales para aumentar el número de camas de 80 a 110 y para ampliar el estacionamiento? Gustavo Larsen, el consultor externo de la junta directiva, siempre anda diciendo que el Policlínico no tiene una locha. Que si todos los médicos accionistas del Centro ganan bien, eso significa que la clínica está dando ganancias y, si la clínica va mal, no puede cumplir con sus planes de crecimiento."

"Mira Amilcar, ahora estoy apurado. ¿Por qué no vienes a almorzar el sábado a casa y hablamos con más calma.? Estoy confundido. ¿Cómo es eso de que la clínica está perdiendo, si yo que soy accionista estoy ganando?"

"Bueno, hablamos luego, nos vemos," dice Camacho, alejándose.

El Dr. Gutiérrez sigue pensativo, tomando su café. Efectivamente, él también estaba confundido. ¿Cómo se contabilizaban las ganancias y pérdidas de su unidad? ¿Cómo se analizaban las cifras de la clínica? El problema administrativo comenzaba a preocupar a más de un médico en función de dirección en el CPV. Y él, coordinador del servicio de emergencia y miembro de la junta directiva, se sentía en medio del problema.

La situación del país, con el dólar por las nubes, hacía costosísimo mantener la clínica al día, con los equipos y la tecnología en continua evolución. RECADI[1] todavía otorgaba dólares preferenciales para los nuevos equipos, pero cada vez era más difícil conseguirlos y no se sabía hasta cuando duraría esta dificultad. Para Gutiérrez, no era un capricho querer estar al día con los últimos equipos, como algunos reclamaban. La obsolencia de éstos era muy rápida. A los cuatro años, la tecnología de algunos equipos había avanzado tanto que ni siquiera se lograba vender los que se tenían a clínicas pequeñas, ni a clínicas del interior. Había equipos que se perdían al adquirir los nuevos. Sin embargo, los altos costos no se debían únicamente a los equipos, también provenían de los materiales de uso cotidiano (guantes, sondas, catéteres, etc.) que en su mayoría eran importados y subían vertiginosamente de precio. Además, el CPV ya empezaba a sentir la competencia de las nuevas clínicas y de las que se estaban modernizando. Éstas atraían al mismo tipo de paciente que tradicionalmente acudía al CPV.

El Dr. Gutiérrez comprendía que la situación requería nuevos planes. Para cubrir los costos actuales y mantenerse había que atender a más pacientes, por lo que era necesaria la ampliación de los servicios del CPV. El problema se reducía a cómo planificar y controlar una organización en

---

[1]RECADI: Instituto nacional encargado de comprar y distribuir divisas a industrias y empresas privada a tasas inferiores a las ofrecidas en el mercado a fin de apoyar las actividades de exportación e importación.

estas condiciones. ¿Cómo producir ganancias para poder reinvertirlas y no tener que recurrir cada vez a nuevos médicos accionistas o a nuevos aportes de los accionistas actuales? En definitiva, parte de la ganancia que obtenían como médicos, debía ser reinvertida. Y no era fácil dar grandes aportes de una sola vez. Gutiérrez esperaba que la situación se aclarase en la próxima reunión de la junta directiva, especialmente en lo referente a las cuentas de su unidad.

El paciente está mal

La junta directiva del CPV tenía la costumbre de reunirse con cierta periodicidad, pero últimamente las reuniones se habían hecho más frecuentes y los temas no solían ser los habituales. Con la presencia del consultor externo, Gustavo Larsen, contratado hacía cuatro meses, las reuniones eran más administrativas. Algunos comentaban que esta junta directiva parecía la de una empresa cualquiera y no la de una clínica. Se escuchaban palabras nuevas: **flujo de caja**, **estado de ganancias y pérdidas**, **inventarios**, planificación, evaluación del personal, y esto les resultaba extraño. Pero el Dr. Gutiérrez intuía que la respuesta a muchas interrogantes que le preocupaban se encontraba siguiendo este nuevo camino.

A su juicio, algunos de los problemas actuales podrían convertirse en serias amenazas para el funcionamiento y aún para la imagen de la clínica, una imagen que había tardado veinte años en consolidarse. No todos los miembros de la junta directiva opinaban lo mismo. El Dr. Joseph Merck, un médico cirujano y uno de los fundadores del CPV, ya había manifestado su incomodidad con la decisión de la junta directiva de contratar al consultor y gastar dinero y tiempo en discusiones administrativas. Tampoco estaba convencido de la necesidad de ampliación ni de la importancia de los otros cambios de los que se empezaba a hablar. Según él, la clínica es para médicos; ellos conocen la problemática y las necesidades de los pacientes. Todas esas palabras financieras le parecían vacías. El término 'productividad' no era más que una palabra de moda. La clínica iba muy bien y el servicio era de alta calidad. La gente hacía cola para ser atendida. La clínica tenía buen nombre y médicos con mucha experiencia que, además, ganaban muy bien. No había de qué preocuparse.

El Sr. César Martínez se irritaba al escuchar opiniones como la suya, que él llamaba "típicamente médicas." En tanto accionista principal, él estaba en una posición difícil. No era médico; hace aproximadamente un año había heredado las acciones del CPV. Mantenía su cargo de gerente de producción en una empresa manufacturera a la vez que presidía la junta directiva del CPV. Sus ingresos, como accionista, se veían diluidos por los problemas administrativos del Centro Policlínico. Los demás accionistas, todos médicos, percibían sus ganancias principalmente como honorarios médicos. Por eso, según Martínez, para ellos las ganancias y los dividendos del CPV no eran importantes. De hecho, en toda la historia del Centro Policlínico, sólo se habían repartido tres millones de bolívares en **dividendos**, una cifra irrisoria en su opinión.

Este año la situación había empeorado. La clínica daba pérdidas a pesar de producir ganancias operativas. Los gastos de mantenimiento, servicios generales y administración eran de más de doce millones de bolívares. Además, había un montón acumulado de cuentas por cobrar de más de once millones de bolívares, y Martínez sospechaba que buena parte resultaría incobrable.

En los últimos cinco años, la cuentas por cobrar que se habían generado anualmente casi se duplicaron, según se ve en el siguiente cuadro:

Cuentas por cobrar 1981-1985 (millones de bolívares)

1981	1982	1983	1984	1985
6,5	8	7,7	8,6	11,7

El Sr. Martínez había propuesto suspender el servicio a los pacientes remitidos por algunos organismos públicos y algunos sistemas de seguros creados recientemente, que se atrasaban mucho en los pagos. Ya la clínica no podía soportar el financiamiento a empresas y pacientes morosos. Además, los pagos a los médicos también comenzaban a acumularse y el malestar aumentaba. Por una parte, los médicos de la junta directiva se oponían a la idea de suspender esos servicios, ya que temían que se afectase el nombre del CPV y que bajasen los ingresos. Pero, por otra parte, los médicos se quejaban de que subvencionaban a los pacientes y criticaban el sistema de cobranzas.

Martínez señalaba que, salvo los pacientes de **instituciones morosas**, los demás llegaban a la clínica por medio de los médicos. Esto indicaba fallas no sólo en las cobranzas, sino también en el sistema de relaciones y confianza entre médico-paciente-clínica. Según Martínez, éstos eran los casos comunes en los cuales el médico con responsabilidades directivas debía actuar como gerente, antes que como médico, y establecer controles para garantizar la satisfacción del paciente y la calidad del servicio prestado por la clínica, incluyendo la labor de sus colegas en funciones únicamente médicas. Martínez entendía lo delicado de estas situaciones. Pensaba que tenía que evitarse el enfrentamiento médicos vs. gerentes-médicos. Pero alguien tenía que hacerse cargo de este asunto. ¿Quién podía decidir las normas sobre la calidad del servicio y hacerlas respetar, sancionando a los médicos que no las cumpliesen?

Martínez consideraba que faltaba orden en el funcionamiento del CPV. Para el control administrativo que había empezado a introducir, había elaborado un cuestionario a fin de verificar los montos que la clínica le debía a cada médico por pacientes insolventes. Nadie llevaba el control de sus cuentas, sólo el 10% de los médicos tenía una idea aproximada de cuánto se le debía. Algunos incluso ya le habían cobrado sus honorarios al paciente directamente, quedándole a la clínica su parte de la deuda. Este aspecto del problema resultaba aún más delicado. Un decreto oficial establecía que las clínicas tenían la obligación de cobrar los honorarios médicos. Para Martínez, este procedimiento contribuía a controlar el nivel de deudas por cobrar de la clínica. Pero, para algunos médicos, en particular los Drs. Merck y Camacho, este requisito legal atentaba contra la ética profesional y contra la relación personal médico-paciente, relación que debía, según ellos, incluir el cobro directo de los honorarios profesionales.

El problema se extendía, ya que, en la medida en que aumentaban las cuentas por cobrar, aumentaban las cuentas por pagar, y los proveedores empezaban a reclamar. En medio de esta situación, la clínica preparaba un proceso de expansión. Martínez estaba molesto; según veía las cosas, cada quien sólo protegía su propia posición.

¿Se extiende el mal?

Había sido Martínez quien había propuesto la contratación del consultor, con la idea de que le sirviera de apoyo para convencer a los demás miembros de la junta directiva de la necesidad de cambios en la conducción del CPV como empresa productiva. Sabía que, con algunos ajustes y controles, la situación económico-financiera podría mejorar mucho y el Centro Policlínico podría ser más rentable para todos. Pero era necesario disminuir las pérdidas y corregir las fallas administrativas.

Además, Martínez había enviado a la Sra. Claudia Ortega, la Gerente de administración, a ponerse al día sobre los avances en el área mediante un curso de administración en el más prestigioso instituto de gerencia del país. Con la orientación del consultor, ella había comenzado una revisión administrativa general en cada unidad para detectar dónde estaban los mayores problemas. Aunque conocía la clínica, pues trabajaba en ella desde hacía años, se alarmó.

El manejo del inventario de los materiales era un desastre. Las compras se realizaban sin criterio. Si algún proveedor ofrecía dos mil catéteres a buen precio, se compraban sin saber en cuánto tiempo iban a ser utilizados, cuántos se podrían vencer, o cuánto costaba mantenerlos en los depósitos. También se compraba por escasez: cuando un médico avisaba que algo faltaba, se corría a comprarlo. A veces había que comprar suero a las 9:00 p.m. a los proveedores nocturnos, lo cual era mucho más costoso. No había planificación ni información oportuna para realizar las compras en horas de oficina regulares y a mejores condiciones.

Los médicos argumentaban que el consumo de materiales en la medicina no era predecible, por lo que preferían siempre tener exceso de disponibilidad, aún cuando esto significara mucha plata estancada en inventario, y riesgo de obsolescencia.

Según la Sra. Ortega, había otro problema grave en la transacción de medicinas. Por decreto oficial, la clínica estaba obligada a vender las medicinas a sus pacientes con un descuento del 30% sobre el precio de venta al público. Esta regulación del gobierno era tal que se podía incurrir en multas onerosas si no se seguían las constantes fluctuaciones de los precios para aplicar el descuento correcto en la facturación. Si alguien reclamaba a Fomento por unos dos céntimos de diferencia, se podía recibir una multa de hasta Bs.40.000. Para evitar esto, la facturación debía tener un control continuo de los precios de adquisición y venta de las medicinas en el inventario, cosa que, dado el volumen y movimiento de medicinas en el CPV, era imposible de realizar adecuadamente con el sistema manual que se estaba utilizando.

La unidad de emergencia fue otra de las unidades que la Sra. Ortega revisó. Producía aproximadamente Bs.770.000 al año y los gastos que se le atribuían eran de Bs.979.000, por lo que, obviamente, generaba pérdidas.

¡Emergencia!

Esta afirmación fue la que ocasionó la reacción del Dr. Gutiérrez, quien no iba a dejar pasar la reunión de la junta directiva sin plantear el problema. Se sentía acusado injustamente de ineficiencia, cuando en realidad el problema era que no existían criterios para una gestión eficiente. Se preocupó por consultar alguna literatura sobre gerencia hospitalaria y había hablado con un administrador amigo y sacado algunas cuentas. Parecía haber perdido el miedo al nuevo lenguaje y se defendía así:

> De los gastos que se le asignan a mi unidad, 350 mil bolívares corresponden a mantenimiento del edificio, lencería y administración. Es decir que mi unidad, directamente, sólo gasta 620 mil bolívares y genera ganancias anuales en el orden de los 150 mil bolívares. Pero si se quieren atribuir esos gastos indirectos a mi unidad, deberían entonces contabilizar como ingresos también

> los que indirectamente mi unidad produce al Centro Policlínico. He estimado que los pacientes que entran por emergencia, y son atendidos por otros servicios de la clínica como laboratorio y radiografía, generan aproximadamente 450 mil bolívares al año. Estos ingresos son producidos por la estadía de los pacientes en la unidad de emergencia, por lo que, indirectamente, esta unidad produce ganancias considerables. Yo propondría que se manejaran las cuentas de las unidades con criterios de administración independiente, para saber los resultados reales de cada unidad.

En la reunión de la junta directiva, el Sr. Larsen asumió el papel de mediador. No se trataba de generar conflictos entre las unidades, ni entre la administración y los médicos en funciones directivas. Los criterios para los registros contables debían ser analizados, discutidos y aprobados por la junta directiva, para garantizar el reflejo más adecuado de la realidad administrativa del CPV. Existían muchos problemas. Quizás el problema principal era la inadecuada definición de los mismos problemas.

La labor del Sr. Larsen como consultor externo era compleja. Las dificultades eran diferentes y operaban a distintos niveles. Incluso la organización no estaba definida claramente. Además, él no era médico y necesitaba ganarse la confianza y el respeto de los miembros de la junta. Pero él ya había empezado su trabajo y había reconstruido el sistema con el que aparentemente funcionaba el Centro Policlínico Venezuela.

¿Quién manda aquí?

Había confusión. La junta directiva tenía injerencia directiva y poder total en la administración y en los problemas médicos. No había intermediario entre el médico director y el Gerente de administración. Ambos reportaban a la junta directiva que asumía el papel de árbitro entre las dos maneras distintas de enfocar los problemas. Con las ideas de ampliación y mejoras surgieron las diferencias una vez más. El médico director planteaba que, si se aprobaba la ampliación, se diera prioridad a las instalaciones médicas. Para él, eran urgentes la ampliación del salón médico al lado del quirófano y la solicitud del Dr. Gutiérrez de emergencia, que requería una zona de observación clínica para los pacientes en esa unidad que necesitaban períodos de hospitalización menores de 24 horas. Para la administración, sin embargo, eran prioritarias la ampliación del número de camas y la lavandería, donde se necesitaba el cambio de algunos equipos y más espacio.

A Larsen le parecía, en principio, que el problema de la jerarquía era uno de los más urgentes. En su opinión, el papel de árbitro debería realizarlo un director general y no toda la junta directiva. Pero ¿este árbitro debía ser un médico o un ejecutivo?

La contradicción entre las funciones gerenciales y médicas parecía tener variantes según el nivel en que se analizaban. Naturalmente, pensaba Larsen, las actividades gerenciales implícitas en un servicio de emergencia eran menos complejas que las de un médico director. Parecía claro que la coordinación del servicio de emergencia debía estar a cargo de un médico, que a la vez dirigiera y administrara la unidad, para lo cual requería de conocimientos gerenciales mínimos. Pero Larsen no estaba seguro que para la dirección general se necesitara un médico. Podría serlo, de tener una formación gerencial, pero ¿debía serlo? Y, de ser médico el director general, ¿sería aconsejable que ejerciera las dos funciones de gerente y de médico en el Centro Policlínico? Es decir, ¿sería aconsejable que fuera un 'administrador administrado'? ¿Juez y miembro del grupo juzgado? Estas reflexiones, entre otras, ocupaban al Sr. Larsen mientras se dirigía a una reunión con el Sr. Martínez.

Más males

El Sr. Martínez ha convocó al Sr. Larsen a una reunión en su oficina porque necesitaba desahogarse. Lo que sigue es un fragmento de su conversación:

"La situación en el Centro Policlínico parece en extremo complicada," lamenta el Sr. Martínez, "además de los problemas de estrategia, organización y administración, la cantidad de pequeños problemas cotidianos agobia."

Explica el Sr. Martínez:

"La enfermera que programa el uso del quirófano se pasa la vida peleando por el cupo de las camas con la enfermera-jefe de hospitalización, quien se encarga del proceso de admisión. Ambas se quejan de que todos las presionan sin brindarles a tiempo la información necesaria para organizarse. Ambas culpan a los médicos. En la unidad de cuidado intensivo, el enfermero es el que ordena las compras de materiales. ¡Estas decisiones son claves! En gran parte, la eficiencia de la clínica depende de esas cosas. ¡Aquí las enfermeras graduadas son más gerentes que los médicos y, para colmo, hay un buen número de ellas que fueron enviadas a tomar cursos de perfeccionamiento en enfermería! Yo no digo que no hagan falta esos cursos. Pero, ¿quién decide qué cursos? ¿cuántos? ¿para quiénes? Aquí, como que sobra gente, hay un gentío en cursos y otro gentío en la clínica. Si podemos mantener a tanta gente, yo no sé por qué el servicio de limpieza se contrata fuera. Habrá que sacar unos numeritos al respecto. Quizás sea mejor hacer la limpieza nosotros y contratar el servicio de lavandería afuera, en vez de comprar más equipo, y ampliar más el espacio necesario para la atención al paciente, que es nuestro verdadero negocio. ¡Incluso parece que están desapareciendo las sábanas! Según me dicen, esas sábanas deberían aguantar al menos veinte lavadas y pareciera que no llegan a diez. He aquí un área que también se debe investigar."

El Sr. Larsen responde:

"Sí, hay problemas de fondo y no pueden resolverse todos de golpe. Recuerda que, aunque eres el principal accionista, no eres el único. Sin los otros, las cosas pueden ser más difíciles. Ellos como médicos tienen otra perspectiva. Para ellos, antes que rentable, la clínica debe ser moderna. La tecnología, estar al día en todo, ha privado más que la rentabilidad del Centro Policlínico desde su fundación. Hasta el punto que, según me contaron, años atrás y por decisión unilateral del médico dirigente en aquel entonces, se adquirió un equipo de Diálisis Renal, a pesar de que la clínica no trabajaba en tal área. Costó por el orden de los ochenta mil bolívares (cuando el dólar estaba a 4,30) y se utilizó una sola vez, para un examen por el cual se cobró mil bolívares. Por suerte, parece que después de estar años guardado, el administrador logró vendérselo a un médico especialista por cincuenta mil bolívares."

Después de una pausa, Larsen continúa:

"Hay que hacerles ver que la rentabilidad no está reñida con la calidad. Si el análisis de factivilidad indica que directamente la inversión en un determinado equipo no es rentable, hay que hacer otro tipo de análisis. Es necesario considerar las implicaciones para la empresa, si es que el equipo es precisado por el CPV. A lo mejor, con lo que genera en imagen y prestigio, en atracción de nuevos pacientes y en servicios colaterales, termina justificando la inversión. Además, pueden existir muchas formas de adquisición de equipos a grupos médicos especialistas que lo necesitan para su práctica inmediata, mediante contratos de arrendamiento. Lo que hay que hacer es lograr que los distintos enfoques se toleren, dialoguen y lleguen a acuerdos."

Interrumpe el Sr. Martínez:

"La verdad es que los puntos de vista son diferentes. Fíjate en estos otros ejemplos: el material importado que utilizamos diariamente es casi todo desechable. ¿No sería preferible comprar material reusable? Lo que pasa es que algunos médicos, por ser accionistas, se sienten y actúan como dueños, con derecho a mandar y a tomar decisiones en cualquier área que no es de su incumbencia. Una organización no puede ser eficiente así."

Responde Larsen:

"No te quejes tanto, yo he visto cosas peores. En algunos hospitales públicos lo que se paga en nómina es dos veces el salario del personal regular; se le paga al que está de reposo y al suplente que el sindicato se encarga de nombrar. Hay equipos que no duran más de un año porque se estropea una pieza que cuesta cincuenta mil bolívares. Los pacientes son enviados a otros centros privados para las exploraciones, con la pérdida de tiempo y recursos que esto implica. Con lo que gastan en pagar esos servicios exteriores hubieran podido comprar dos de esos repuestos costosos para reparar el equipo. Sin contar con lo que se deja de producir. En algunos centros de salud pública hay pacientes que, por un examen que cuesta 700 bolívares, esperan 15 días ocupando una cama que le cuesta al hospital aproximadamente 700 bolívares diarios. Eso duele. ¡Allí sí hacen falta, y con emergencia, criterios gerenciales!"

"Mal de muchos consuelo de tontos," concluye Martínez.

¿Operar?

El Sr. Larsen veía la oportunidad de introducir cambios en la gestión del CPV, ligados a los planes de ampliación que se discutían. La ampliación era necesaria. El número de camas era insuficiente, no sólo en el Centro Policlínico Venezuela, sino en toda Caracas. Los médicos tenían que operar hasta tarde y también los sábados y domingos. Había gente esperando a que se desocupara la habitación con sus maletas en los pasillos. El sistema de admisión no podía con la situación, y se quedaba gente en la calle por no poder ser atendida. Según él, al contrario de lo que opinaba el Dr. Merck, la imagen de la clínica empezaba a verse afectada, a la par que aumentaban los costos.

La discusión sobre estos hechos, según Larsen, era la mejor ocasión no sólo para hacer algunos ajustes urgentes al funcionamiento del Centro, sino también para tratar de convencer a quienes más resistían la influencia administrativa en el cuerpo médico del CPV, y en particular, en el médico director, quien había sido su pupilo. Para algunos, las cosas estaban bien como estaban y podían seguir así indeterminadamente. Habían funcionado durante veinte años así. ¿Por qué cambiar? ¿Sólo porque había llegado un "intruso," como alguno llamaba a Martínez, a querer 'gerenciar' la clínica como si fuese una fábrica? Larsen sabía que la presencia del Sr. Martínez era conflictiva. Entre los médicos y él era como si se hablaran idiomas diferentes, pero en el fondo ambos lados tenían la razón en parte.

Larsen contaba con algunos médicos como aliados. El Dr. Gutiérrez se mostraba muy interesado en los temas gerenciales, y podía ayudarlo a convencer al Dr. Merck y servir de puente entre éste y Martínez. El Dr. Camacho también había dicho: "La medicina es una profesión de ayuda. La atención individual al paciente es la preocupación principal para un médico. La salud no es sólo ausencia de enfermedad: es el goce completo de bienestar físico, mental y social. Hay que mantener ese trato personal con el enfermo, quien, además, se da cuenta si es o no es atendido eficientemente. Uno no deja de ser humano por ser eficiente."

Términos de gerencia

Dividendos: Los intereses o parte de las ganancias que se le distribuyen a los accionistas sobre bonos o acciones adquiridas.

Estado de ganancias y pérdidas: Balance que enuncia la relación entre ingresos y egresos pertenecientes a una empresa o negocio. Uno de los elementos que conforman un examen y registro contable completo.

Flujo de caja: La suma de ganancias disponible, deducción hecha de impuestos y previa a la distribución de dividendos. En el flujo de caja figura la suma total disponible para inversión luego de la deducción de varios pagos: adquisición de materiales, salarios, impuestos, y cargos financieros. Proporciona una mejor medida sobre la rentabilidad y condición financiera de un negocio que la figura de ganancias netas.

Institución morosa: Entidad que presenta retraso en el pago de sus deudas o impuestos.

Inventario: Mercancia adquirida y almacenada que se contabiliza bajo los activos corrientes por representar fácil liquidez del capital invertido. El manejo de los inventarios es un capítulo importante de toda política gerencial y pasa por la consideración de aspectos como la fluctuación de precios, la fluctuación de tasas de cambio, los costos de almacenamiento, los índices de rotación de la mercancía, las reservas, las condiciones de los canales de suministro, la relación con los proveedores, etc.

Preguntas

1. ¿Por qué tenía el CPV problemas económicos?

2. ¿Cuáles eran esos problemas?

3. La información que se presenta en el Cuadro 1 refleja uno de los males claves que vive el CPV. ¿Cuál es su opinión sobre lo que dice el Cuadro?

4. Considerando el estado de ganancias y pérdidas, ¿podría usted señalar algunas medidas que permitan al CPV llevar a cabo su expansión?

5. ¿Cuáles eran los problemas que encontró la Sra. Ortega?

6. ¿Qué relación existe entre los problemas administrativos y los problemas económicos que tenía la CPV?

7. ¿Qué tipo de modificación estructural sería conveniente para facilitar el posicionamiento del CPV como hospital de punta?

8. Si usted estuviera en el lugar de Gustavo Larsen, el consultor externo, ¿qué tipo de estrategia de mercadeo aconsejaría a la junta directiva y cómo procedería?

Temas para discutir o escribir

1. ¿Debe ser una clínica un negocio también? ¿Debe ser rentable?

2. El estado económico de las clínicas públicas y privadas hoy día en los Estados Unidos.

3. La relación entre las compañías de seguros y las clínicas (y los pacientes) en los Estados Unidos.

4. La importancia de tener un buen equipo gerencial en una clínica.

5. ¿Qué tipo de educación debe tener el director general de una clínica? ¿Debe ser esta persona un gerente, un médico, o los dos?

Caso 8: Slade y Cía

Caso 8: Slade y Cía

Enfoque principal: Administración

Introducción

Este caso ilustra las dificultades que un nuevo gerente puede confrontar si debe tratar ciertas prácticas irregulares que se han establecido entre los mismos empleados de la compañía. Si bien tales prácticas no parecen incidir negativamente en la productividad de la empresa, queda abierto el dilema que se le presenta a este nuevo gerente, el cual consiste, básicamente, en decidir cómo resolver la siguiente situación anómala: la alteración de los horarios de entrada y salida, respetando al mismo tiempo el funcionamiento organizacional de la empresa y la dinámica informal que existe entre los empleados.

En líneas generales, la **estructura organizacional** de una empresa cae dentro del continuo que se mueve de autoritario (vertical) a participativo (horizontal/circular). Dichas posiciones traducen y determinan cómo se describen y ejecutan los objetivos de la empresa: cuáles son los mecanismos de control y de motivación del personal, cómo fluye la información entre los empleados entre sí y entre éstos y sus superiores, qué tan bien se corresponden la estructura formal y la **estructura informal**, cómo surgen innovaciones y cuál es la capacidad de adaptación y respuesta a imprevistos y cambios, es decir, todo lo que conforma la '**cultura**' de una empresa.

Desde el punto de vista de análisis organizacional, este caso brinda una situación interesante para estudiar la 'cultura' de una empresa. Además de señalar el dilema ético del gerente, el caso presenta una dinámica de grupo (o subcultura) que integra aspectos étnicos. Al analizar los grupos que aparecen en el caso, el estudiante puede transportar la situación a otros contextos culturales. Al integrar su propia experiencia, así como las observaciones del artículo adjunto en este capítulo, el estudiante podrá contribuir a una discusión comparativa y aleccionadora sobre ciertos elementos culturales que explican los diferentes enfoques en gestión de recursos humanos y aspectos organizacionales.

Historia y asunto

El Sr. Ralph Porter, gerente de producción de Slade y Cía., estaba preocupado por los informes de comportamientos deshonestos entre algunos de los empleados del departamento de blindaje. A través de fuentes fidedignas, se enteró de que algunos de ellos estaban marcando las tarjetas de algunos de sus compañeros que se iban más temprano del trabajo. Porter ocupaba su puesto en Slade y Cía. desde hacía poco tiempo. Las conversaciones que sostuvo con el gerente de producción anterior y con otros colegas le sugerían que, en general, éstos se mostraban satisfechos con el funcionamiento del departamento de blindaje.

Slade y Cía. era una próspera industria manufacturera de productos metálicos, diseñados para el uso industrial. La planta manufacturera, localizada en la zona central de Michigan, empleaba cerca de 500 trabajadores involucrados en la producción de una gran variedad de tornillos, láminas, borlillas y otros productos similares. Los pedidos eran grandes y constantes. El volumen de pedidos fluctuaba en relación a la respuesta de los negocios en las industrias primarias a las que la compañía suministraba. En el momento de este caso, los volúmenes de ventas se habían mantenido altos por más de un año. Slade se aseguraba sus pedidos gracias a la calidad, el despacho y el precio razonable de los productos.

Las operaciones correspondientes a la fabricación de moldes y al uso de las máquinas de compresión eran las que requerían de una mano de obra más preparada. Los empleados que se ocupaban de estas operaciones trabajaban largas horas, pero eran mejor pagados. Los departamentos de acabado y distribución y las divisiones de blindaje y pintura atraían a trabajadores con cierta preparación, pero menos entrenados. Muchos de ellos llevaban muchos años trabajando para la compañía. De las operaciones restantes se ocupaban trabajadores con muy poco entrenamiento y cuyos puestos se caracterizaban por el bajo salario y la alta circulación de personal.

El cuarto de blindaje cubría la totalidad del piso superior de la planta. Treinta y ocho hombres y mujeres trabajaban ahí, haciendo el blindaje y la oxidación de partes metálicas o preparando partes para la aplicación de la pintura que se efectuaba en otro lugar de la planta. El trabajo de este departamento se iniciaba de acuerdo a los pedidos comunicados por los programas de producción que se revisaban a diario. La revisión de los programas o calendarios de producción, originados por pedidos de última hora o urgentes, daban como resultado una fluctuación de volumen a corto plazo, particularmente en los departamentos de blindaje, pintura y despacho. El Anexo 1 señala las actividades de varios trabajos, sus relaciones y el tipo de especialización.[1] El Anexo 2 clasifica cada trabajo en función de la complejidad técnica, esfuerzo físico, incomodidad y tiempo de entrenamiento asociado con su ejecución.

Las actividades que se llevaban a cabo en el cuarto de blindaje eran de tres tipos:

1. La inmersión en ácido de las piezas (hecha manualmente).
2. La pulición por fricción (hecha en tambores accionados a alta presión que contenían abrasivos, soda cáustica o soluciones corrosivas).
3. El blindaje (hecho manualmente al disponer secuencialmente las partes o, automáticamente, al descargar las partes en los sistemas transportadores).

El trabajo del cuarto de blindaje se recibía en lotes de 1000 piezas aproximadamente. El dependiente llevaba cada lote, con su formulario correspondiente, hasta el primer punto de operaciones. Este formulario indica las operaciones que han de ejecutarse y la fecha para la que están programadas, de manera que el producto final pueda ser despachado a tiempo. De la acumulación de pedidos presentados, cada trabajador organiza su propio plan de trabajo para optimizar el uso del **equipo**, los materiales y el tiempo. Mientras se completa el pedido, cada empleado lleva el lote hasta su punto de trabajo o hasta un lugar cerca del elevador de carga donde se pone el material terminado.

El cuarto de blindaje cuenta con un supervisor, Otto Schell, que trabaja cinco días por semana, de 8 a.m. a 5 p.m. El supervisor pasa una buena parte de su tiempo atendiendo el mantenimiento y la reparación del equipo, procurando el abastecimiento de partes, manejando cambios repentinos en los programas de trabajo y asegurándose de que la gente esté en sus sitios de trabajo.

Las condiciones de trabajo que reinan en el cuarto de blindaje son sumamente variadas. La parte del departamento que contiene los tambores y las máquinas de blindaje se encuentra

[1]Los Anexos 1, 2 y 3 se encuentran al final de este caso.

constantemente inundada de agua fría, de ácido que se evapora, o de soda cáustica. Los trabajadores en esta parte del local llevan botas hasta la rodilla, delantales de goma largos y guantes de goma altos y ajustados. Este uniforme, conforme a las condiciones de humedad, se hacía particularmente cálido en verano y frío en el invierno. En contraste, el resto del local era seco, relativamente inodoro y tenía temperaturas y grados de humedad razonables.

Los empleados de la sala de blindaje aparecen en el Anexo 3. Este suministra información personal sobre cada empleado del departamento, incluyendo la evaluación de su productividad, basada en las consideraciones subjetivas y objetivas sobre su ejecución, que entregan los miembros del departamento.

La escala de pagos indicada es baja para la zona central de Michigan. El promedio de un salario de principiante, durante el momento en que se relata el caso, es de US$1,25 por hora; sin embargo, las horas de trabajo en la sala de blindaje eran largas (desde 60 hasta 76 horas a la semana). Las primeras 60 horas (de una semana normal de trabajo) se pagaban en base a tasas fijas. Los sábados se remuneraban al doble de ese valor.

Philip Kirk, un trabajador en el pasillo 2, provee la información para este caso. Después de un tiempo de estar trabajando en ese departamento, Kirk notó que ciertos miembros solían reunirse en los ratos libres y también después del trabajo. También vio que esas asociaciones informales eran duraderas, construídas sobre actividades comunes e ideas compartidas sobre lo que se consideraba el comportamiento correcto e incorrecto en el departamento.

El grupo Sarto, apodado así en nombre de Tony Sarto, el trabajador más respetado y el líder del grupo, era el más grande del departamento. Salvo los miembros Luis Patrici, Al Bartolo y Frank Bonzani, el grupo Sarto se reunía para almorzar cerca de la salida de emergencia, en el pasillo 1. Los sábados, cuando se requería tiempo extra, el grupo Sarto operaba como un equipo, a pesar de las asignaciones de la semana, para hacer el trabajo lo más rápido posible. Pocos miembros del departamento no afiliados con el grupo Sarto o el grupo Clark venían a trabajar los fines de semana. Fuera del trabajo, los miembros del grupo Sarto asistían a fiestas y paseos juntos. La casa de campo de Sarto servía usualmente para esos eventos.

El grupo Sarto estaba compuesto por hombres únicamente, y era el más unido del departamento, especialmente si se considera el sistema de marcar entradas y salidas que establecieron. En vista de que los hombres trabajaban regularmente de 7 a.m. a 7 p.m. durante los días de semana, y de que los supervisores se iban a las 5 p.m., era posible terminar casi todo los días a las 5:30 p.m. e irse de la planta. Además, si un hombre se quedaba hasta las 7 p.m., podía marcar las tarjetas de otros colegas y ayudarlos a que conservaran su paga sin perder el empleo. Este sistema operaba durante los fines de semana también, cuando los supervisores pasaban eventualmente por el departamento durante cortos períodos. Los miembros del grupo Sarto se rotaban el turno de quedarse hasta tarde, de manera que ningún miembro se quedaba tarde más de una vez a la semana. Asimismo, el grupo marcaba las tarjetas de algún colega que estuviera retrasado. Esto lo hacía siempre y cuando el retraso se notificara y no fuera más allá de las 8 a.m., hora a la que el supervisor comenzaba a pasar.

Sarto explicó el fundamento de este sistema de compañerismo a Kirk del siguiente modo:

> Tú sabes que nuestra paga por hora es muy baja, comparada con la de otras compañías. Lo que hace que este lugar sea el mejor para trabajar es la atmósfera de seguridad. Nunca despiden a nadie en este departamento. Lo que la compañia tiene que hacer con todas las horas de la semana es

> reducir el trabajo de la semana cuando los pedidos bajan. Nos tenemos que apretar el cinturón, pero todos nos llevamos bien. Cuando las cosas marchan bien, como ahora, la compañía sólo está interesada en que se realice el trabajo. No es indispensable que se haga más rápido de lo que realmente se necesita. De modo que nos vamos a casa un poquito antes cuando podemos. Por supuesto, algunos tipos abusan de esto-como Herman-pero otros trabajan aún más duro, y así se balancea todo. Cuando hay un pedido extra, claro que me quedo hasta las 7 p.m. Otros también se quedan. Yo creo que todo lo que la compañía exige de mí es que termine mi trabajo y que mi maquinaria esté en buenas condiciones. Ellos nos dejan tranquilos y esperan que produzcamos, y eso es lo que hacemos.

Cuando Kirk le preguntó a Sarto si no preferiría trabajar menos horas y mejor pagado en un lugar donde hubiera un sindicato-los empleados de Slade no estaban sindicalizados-Sarto se rió y dijo: "No sería un cambio comparable."

Los miembros del grupo Sarto eran explícitos sobre lo que constituía una carga de trabajo diaria justa. Corrientemente, citaban a Herman Schell, compañero de trabajo de Kirk y hermano del supervisor, como ejemplo de alguien que producía por debajo del nivel exigido. Kirk recibió orientación informal de Herman durante los primeros días. Herman le aconsejó:

> Yo he trabajado aquí por cierto tiempo y espero permanecer por más tiempo todavía. Tú estás apenas empezando y no sabes casi nada de lo que pasa aquí. No importa cuán duro se trabaje, el pilón de trabajo nunca se reduce. Siempre hay algo. Yo creo que ya te habrás dado cuenta de que aquí el trabajo es duro. Te puedes quemar rápido si no estás alerta. Mira a Pearson en el pasillo 4. Ahí tienes a un muchacho que no va a durar mucho. Está todo el tiempo aquí. Si cree que va a lograr algo trabajando de esa manera está loco. Le darán todo el trabajo que pueda aguantar, y más. Lo peor es que hace que la presión sea mayor, no sólo para él, sino para los demás también.

Kirk afirmó haber observado otras cosas en sus giras por el departamento. Estas son sus reflexiones:

> Por lo que pude ver, parece que hay dos cosas que determinan que el grupo Sarto, o cualquier otro, venga a trabajar los fines de semana. Una es la llegada de pedidos a última hora de la semana, pero también puede ser que los empleados no le dediquen suficiente tiempo a sus tareas durante la semana.
>
> El grupo Sarto no tolera muy bien a Herman. Herman llegaba siempre tarde, mientras que Tony estaba ahí hora y media más temprano. Si era necesario realizar un trabajo extra con urgencia, casi todo el mundo, salvo Herman, hacía el esfuerzo necesario. Herman nunca se quedaba los fines de semana. En cambio, Tony, su grupo y los hombres que trabajaban en los tanques manuales casi siempre permanecían allí. Cuando se realizó el primer **estudio de tiempo** en el departamento, nadie en los pasillos bajó la cadencia, a excepción de Herman y, posiblemente, de Charlie Malone. Oí decir que los hombres que trabajaban en la parte seca del local, en el

fondo, también bajaron la cadencia, a tal punto que apenas se les veía moverse. La mayoría de los hombres que conocí parecían encontrar satisfacción en su trabajo, pero Herman nunca pareció estar realmente involucrado. No es sorprendente que no logre entenderse con los demás.

Hay en cambio un sentimiento muy diferente hacia Bobby Pearson. Sin la menor duda, Bob es el que más duro trabaja en el departamento. Es difícil decir cuán duro trabaja Bob, ya que la cantidad y variedad de tareas que ejecuta es grande, pero me atrevería a decir que Bob realiza el doble de trabajo que Herman y 50% más que cualquier otro en el departamento. Solo Herman y algunos viejos en la sección del fondo del local criticaban a Bob por sus esfuerzos. El grupo de Tony parecía tenerle afecto, pero el único contacto que ellos o cualquier otro trabajador tenían con él se limitaba a breves saludos.

Para los hombres del grupo de Tony el mayor castigo era la exclusión. Esto lo hacían con Pearson y Herman. Pero Pearson era tolerado; Herman no. Evidentemente, Herman sentía el rechazo del que era objeto, pero respondía al mismo con cinismo y agresividad. Herman solía contar cómo trataba de ganar la aceptación de las personas fuera de la empresa. Por ejemplo, escribía música popular y la enviaba a editores que siempre la rechazaban. Intentó hacerse miembro de varios clubes sociales y deportivos, pero sin éxito. Su pasatiempo favorito era la pesca. Me dijo que los pescadores eran gente amable y que disfrutaba conociendo gente nueva cada vez que iba de pesca. Inmediatamente después, explicaba que prefería guardar cierta distancia con los hombres del departamento.

Al juzgar el trabajo de un hombre, el grupo de Tony tomaba en cuenta algo más que la cantidad. Habían desarrollado suficiente confianza entre ellos para controlar e incluso mejorar cualquier técnica de acabado. El mismo Tony era como un símbolo de tal habilidad. El padre de Tony había operado en el pasillo 1 y lo había entrenado para que ocupara su lugar. Ahora Tony estaba entrenando a su primo Pedro. Cuando las especificaciones del cliente cambiaban y surgía algún problema, el capataz, el químico del departamento o cualquiera de los hombres directamente implicados, venían a pedirle ayuda a Tony, quien se la daba a ellos gustosamente. Por ejemplo, cuando se diseñó una parte metálica con un relieve de plástico especial, fue Tony quien descubrió cómo tratar el metal sin deteriorar el plástico. De cierta manera, también los demás miembros del grupo eran creativos con respecto a los problemas que encontraban en sus tareas.

Herman, por su parte, hablaba incesantemente sobre sus hazañas en diseño y acabado. Por lo que pude observar durante el año en el que trabajé en el departamento, tales proezas fueron en realidad asuntos menores u obsoletos. Es más, jamás vi a ningún miembro del departamento pedirle ayuda a Herman.

La disponibilidad para colaborar con los demás era una característica que el grupo Sarto valorizaba. El tipo de ayuda más apreciado era de carácter personal, aunque la ayuda profesional también era importante. Los miembros del grupo Sarto estaban constantemente prestándose dinero, carros, ropa y herramientas. Pero lo hacían muy de vez en cuando con otros individuos del departamento. La costumbre que tenían de almorzar juntos, repartiéndose la comida, tipifica ese sentido de 'propiedad común' que establecieron entre ellos. La comida que cada quien traía se abría y se añadía a la bandeja general, de donde todos se servían.

En cuanto a Herman, rechazaba prestar ayuda a los demás. Nunca dejó su pasillo, ni siquiera para ayudar a aquellos que estaban cerca de él, cuando así lo hacía la mayoría de la gente en el departamento. Además, Herman nunca asumió la responsabilidad de los errores cometidos por los aprendices que se le asignaron. Había tenido cuatro ayudantes en algo más de un año. Todos habían solicitado una transferencia a otro departamento. Públicamente, decían que la razón era el trabajo; en privado, confesaban que la razón era Herman.

Los hombres que se congregaron alrededor de Harry Clark tendían a hablar y a copiar las actitudes de los miembros del grupo Sarto, aunque nunca llegaron a desarrollar niveles de creatividad o de colaboración similares a los desarrollados por el grupo de Tony. Buscaban contacto social fuera de la empresa con el grupo Sarto y varias veces al año los dos grupos se reunieron en actividades sociales. El grupo de Clark mantenía un buen nivel de trabajo.

El resto de las personas en el departamento andaban más o menos por su cuenta o asociados en pares o tríos. Ninguno era tan creativo, colaborador o productivo como los miembros del grupo Sarto o Clark. Aunque casi todos respaldaban verbalmente los mismos valores que estos grupos defendían.

La distinción entre los dos grupos organizados y el resto del departamento se hacía más clara a la hora de marcar las tarjetas de entrada y salida. Las mujeres no podían trabajar después de las 3 p.m., por lo cual no estaban concernidas. Malone y Lacey, Partridge y Swan y Martin, La Forte y Mensch se organizaron para marcar tarjetas cuando se quedaban después de las 5 p.m.; leían o dormían al terminar su trabajo. Perkins y Pierce se iban a casa cuando el capataz se iba. Herman Schell, Susi y Maher no contaban con ningún sistema. Susi y Maher se quedaban hasta las 7 p.m. Herman parecía haber establecido con Partridge un acuerdo mediante el cual este último marcaba la tarjeta de Herman a cambio de un pago. Tal práctica sería impensable para cualquiera que perteneciese al grupo Sarto. Desde luego, la práctica se dio pocas veces porque, con frecuencia, Herman se quedaba dormido detrás de las pilas de material apenas su hermano Otto se iba, o se marchaba antes de la hora, particularmente cuando era la temporada de pesca. Lo irónico es que siempre hacía alusiones a la deshonestidad de otros empleados. Incluso me pidió que le marcara su tarjeta en varias 'ocasiones de emergencia.'

Después de 14 meses en ese trabajo, tuve una conversación informal con el Sr. Porter, el gerente de producción. Me preguntó qué tal me parecía el trabajo en la empresa. Durante la conversación aprendí que él estaba al tanto de las irregularidades con el sistema de registro de entradas y salidas. Es más, me dijo que no sabía si debía sacar a la luz el asunto de una vez por todas.

Términos de gerencia

Estructura organizacional: Tradicionalmente autoritaria. Las empresas modernas han venido adoptando modelos organizacionales que tienden cada vez más a estructuras más participativas. La estructura matricial que, al integrar un número mayor de especialidades, buscaba un mayor grado de comunicación intersectorial dentro de la empresa resulta complicada e ineficiente ante las condiciones de inestabilidad y renovación tecnológica que caracterizan a las industrias y mercados hoy en día. Mayor atención reciben las estructuras más flexibles, basadas en una mayor participación de los empleados en la toma de decisión de la empresa y en la dinámica de grupo. La industria japonesa sobresale por la implementación eficaz de este tipo de modelo participativo.

Estudio de tiempo: Consiste en dividir una tarea o trabajo en distintos 'elementos' que tienen un comienzo y un final preciso, y en registrar el tiempo dedicado a llevar a cabo cada uno de esos elementos. Los estudios de tiempo son utilizados para establecer normas de producción. Esta metodología comúnmente se relaciona con Frederick Taylor, ingeniero y economista norteamericano (1856-1915), cuyos estudios fundamentan las políticas de productividad de la industria moderna.

Cultura (organizacional o corporativa): Está compuesta de los valores, conocimientos, prácticas y comportamientos convencionales de un grupo social. Cada organización, cada empresa, desarrolla una atmósfera o carácter particular que es clave en el desempeño de sus actividades. Los lemas reflejan generalmente esta cultura corporativa, por ejemplo, IBM y su 'IBM es servicio' o 3M y su 'Nunca deseche una nueva idea de producto.' Dentro de una unidad cultural se observan, a su vez, varias subculturas: la compañía, el grupo de trabajo, el equipo, así como niveles de interacción formales e informales. La cultura organizacional se ve afectada por la falta de filosofía gerencial sobre la cual reposan planes, políticas, procedimientos, normas y valores esenciales para el crecimiento y supervivencia de la organización.

Equipo: Un grupo de personas motivadas que desean alcanzar un objetivo común. Los equipos eficaces se distinguen por la alta ejecución, interés y dedicación de sus miembros. Los papeles, responsabilidades, autoridad y flujo de información están bien definidos y comprendidos. Los objetivos y programas están bien planificados. Se observan altos niveles de confianza, responsabilidad y buena comunicación entre los miembros. El líder del equipo muestra seguridad en ambientes de cierta inestabilidad. Este es una persona orientada a la búsqueda de soluciones, tiene una actitud positiva y una gran capacidad para motivar. Cuenta con experiencia y conocimiento sobre la organización, la industria y la tecnología, y sobre los sistemas y procedimientos de la empresa relacionados con sus tareas. Los miembros de un equipo eficaz tienen la habilidad de adaptarse rápidamente a cambios, se dedican íntegramente y con energía a sus tareas, son de temperamento y ejecución consecuente, son bien organizados y estables, tienen una visión optimista de las cosas y manifiestan gran interés por el desarrollo individual.

Las características de un equipo eficiente y efectivo son las siguientes:

- objetivos claros y ampliamente acogidos.
- papeles claros y revisados cuando esto se necesita.
- conflicto tratado abiertamente y visto como parte del proceso de desarrollo del equipo.

- aprendizaje valorizado y protegido.
- liderazgo visto como una responsabilidad compartida.
- ejecución valorizada y lograda como una satisfacción.
- comunicación clara y abierta.
- procedimientos inventados por el equipo que reflejan consistencia con los objetivos proyectados.
- objetivos individuales fundidos con los objetivos del grupo.
- alta sensación de poder entre los miembros, entre los cuales se hace hincapié en el valor y lugar de cada contribución individual.

Estructura informal: Se refiere al sistema de relaciones sociales, valores y normas no pautadas por la estructura formal o política oficial de la organización. Refleja una subcultura. Si la distancia entre la estructura formal e informal de la empresa es importante, surgen ineficiencias en la empresa.

Coalición dominante: El grupo que goza de control y poder en el seno de una organización sea por su posición, destreza o conocimiento, sea por las características personales de sus miembros. Si la coalición dominante basa sus objetivos y estrategias en suposiciones erradas con respecto al medio externo en el que se desenvuelve la empresa, surgen ineficiencias y situaciones destabilizadoras.

Preguntas

1. ¿Qué opina usted de lo que ocurre en la compañía Slade y qué haría si estuviera en la posición de Ralph Porter?

2. Teniendo en cuenta la información de Tony Sarto y de Phillip Kirk sobre la compañía, ¿cómo catalogaría usted la cultura de la compañía Slade? ¿cómo ve usted la interacción entre la estructura formal y la informal?

3. ¿Qué factores pueden explicar la fortaleza, la cohesión y la eficiencia del grupo Sarto? ¿y las del grupo Clark? Discuta las características de un equipo eficiente y las de una coalición dominante.

4. "El resultado es lo que cuenta," suelen decir los miembros del grupo Sarto. Si usted tuviese el cargo de gerente, ¿estaría de acuerdo? ¿cuál cree usted sería la posición de un gerente en América Latina ante una situación similar? ¿se pueden comparar estas posibilidades?

Temas para escribir o discutir

1. Los factores que pueden contribuir a la delincuencia de la gerencia o de los trabajadores.

2. Problemas entre gerencia y trabajadores que pueden perjudicar la productividad de una compañía.

3. Rasgos de un ambiente agradable tanto para los trabajadores como para la gerencia.

4. La importancia de mantener abiertas las líneas de comunicación entre gerencia y trabajadores.

Anexo 1

Bosquejo de actividades y flujo de trabajo, cuarto de blindaje

Pasillos

Pasillo 1: Trabaja en estrecha colaboración con el pasillo 3 en la preparación de las partes (para los barriles revolventes y la inmersión en ácido) destinadas al blindaje de alta calidad en los tanques 4 y 5. También realiza gran número de tareas de alta especialización.

Pasillo 2: Trata objetos de diseño y calidad regular en preparación para la pintura. Ocasionalmente realiza inmersión en ácido de calidad regular y, algunas veces, de calidad o diseño especial que no requiere procesamiento posterior.

Pasillo 3: Trabaja estrechamente con el pasillo 1 en el revolvimiento de piezas destinadas a los tanques 4 y 5.

Pasillos 4 y 5: Efectúa el revolvimiento en tambores para el tanque 1.

Pasillo 6: Realiza revolvimiento en tambores para productos destinados al revestimiento especial en los tanques 2 y 3.

Tanques

Tanque 1: Trabaja en blindaje de acabado regular automatizado.

Tanque 2 y 3: Produce blindaje de alta calidad, sin requerir procesamiento posterior.

Tanque 4: Realiza blindaje especial o de alta calidad, destinado a platinado posterior en el tanque 5.

Tanque 5: Producción automatizada de piezas platinadas y listas para ser despachadas de calidad regular y alta.

Ramblas

Rambla de asemblaje: Coloca en los bastidores las partes que van a ser platinadas en el tanque 5.

Rambla de reparaciones: Ejecuta la rutina de restitución y reparación de piezas usadas en el tanque 5.

Pulimiento

Procesa, por métodos manuales o semi-manuales, pedidos de lotes especiales que se envían directamente al departamento de despacho. También clasifica y repone piezas rechazadas por los supervisores en ese departamento.

Desgrasaje

Toma el lote bruto inicial, lo procesa con solución cáustica, y coloca en el almacenamiento el lote limpio, listo para ser procesado.

Anexo 2
Índices de habilidad por grupo de trabajo.
Clasificación en escala de 1 (menor) a 10 (mayor)

Tarea	Habilidad técnica requerida	Esfuerzo físico requerido	Grado de incomodidad involucrado	Grado de entrenamiento requerido
Pasillo 1	10	10	10	10
Tanques 1 y 2	8	9	10	9
Pasillos 2 a 6	6	10	10	6
Tanque 5	10	6	4	9
Tanque 1	3	6	6	4
Desgrasaje	2	8	4	1
Pulimiento	5	2	1	1
Asemblaje y Reparación	1	1	1	1

Anexo 3
Personal del departamento de blindaje

Lugar	Nombre	Años de servicio	Salario US$/hora	Grado de trabajo
Pasillo 1	P. Facelli	8	1,30	9
	J. Lambi	5	1,20	9
	T. Sarto	13	1,50	10
Pasillo 2	P. Kirk	1	0,90	*
	H. Schell	26	1,45	3
Pasillo 3	S. Maletta	12	1,30	8
	D. Panteleoni	10	1,30	9
Pasillo 4	B. Pearson	4	1,15	10
Pasillo 5	J. Lacey	9	1,20	4
	C. Malone	22	1,25	4
Pasillo 6	J. Martin	7	1,25	7
	B. Mensch	6	1,10	7
Tanque 1	H. LaForte	14	1,25	5
Tanques 2-3	T. Bond	8	1,20	7
	H. Clark	8	1,20	8
	G. Flood	5	1,15	6
	E. Harding	8	1,20	7
	R. Parker	14	1,25	7
Tanque 4	A. Bartolo	6	1,25	8

Lugar	Nombre	Anos de servicio	Salario US$/hora	Grado de trabajo
	F. Bonzani	9	1,25	9
Tanque 5	L. Patrici	14	1,45	10
Mantenimiento	W. Partridge	14	1,20	4
	L. Swan	3	1,10	4
Desgrasaje	M. Maher	4	1,05	5
	D. Susi	1	1,05	6
Pulimiento	R. Perkins	12	1,20	7
Capataz	O. Schell	35	1,50	8
Oficinista	B. Pierce	10	1,15	7
Químico	F. Rutlage	2	1,10	5

*Kirk, la fuente de información utilizada para este caso, no se incluyó para dar apreciación sobre su propio trabajo.

Nota 1: La apreciación sobre el grado de productividad y desempeño de tareas se evalúa en una escala de 1 (menor) a 10 (mayor).

Nota 2: Un grupo de 10 mujeres trabajan en el departamento (en la sección de asemblaje). Éstas ganan un promedio de US$1,05 por hora.

Nota 3: Hay ciertos nexos familiares entre algunos empleados. Los que más resaltan son:

- Louis Patrici, tío de Tony Sarto y de Pete Facelli (estos dos son primos).
- Herman Schell, hermano de Otto Schell.
- Bob Pearson, tiene a su padre en el departamento de herramientas y pintura.
- John Lacey, tiene a un hermano en el departamento de pintura.

PARTE 2

Casos cortos

Parte 2: Casos cortos

Introducción a la comunicación gerencial

En esta segunda parte del libro se presentan varios casos cortos, útiles para ejercitar la comunicación gerencial. Uno de los elementos claves en la configuración de todo gerente eficaz es la destreza o capacidad de comunicar. Al desarrollo de la comunicación responde esta sección de 10 casos cortos que se pueden asignar individualmente o por grupos de alumnos. La estructura de estos casos es bastante simple y permite un buen margen de acción para la interpretación y la preparación de las presentaciones, que han de regirse por ciertas normas como las que se describen a continuación. También se recomienda el uso de ayudas visuales.

¿Cómo hacer presentaciones gerenciales?

- ¿Qué es una presentación gerencial?

  Es la comunicación organizada y eficaz de un mensaje, generalmente complejo, relacionado con una actividad de trabajo. Toda presetación gerencial tiene un propósito básicamente persuasivo. Se deben elegir y utilizar eficientemente los recursos más adecuados para la presentación.

- Categorías de las presentaciones gerenciales:

  Según su objetivo:
  - ⇨Informativas
  - ⇨De análisis y de toma de decisiones

  Según su preparación previa:
  - ⇨Preparadas
  - ⇨Muy preparadas

  Según el uso de ayudas visuales:
  - ⇨Con ayudas visuales
  - ⇨Sin ayudas visuales

- ¿Cuándo se hacen presentaciones?
  - ⇨Cuando se conoce muy bien el tema
  - ⇨Cuando se tiene toda la información necesaria
  - ⇨Cuando se detecta un clima favorable

- ¿Ante quién se hacen las presentaciones?

  1. Presentaciones internas:

     a) Ante instancias superiores:

        (1) Juntas directivas

        (2) Comités

(3) Directores
(4) Equipos de alta gerencia
a) Ante pares
b) Ante subordinados

2. Presentaciones externas:
   a) Ante clientes
   b) Ante accionistas
   c) Ante autoridades y públicos relacionados

- ¿Cuándo es exitosa una presentación?
  - ⇨Cuando la audiencia comprende. Es recomendable utilizar un lenguaje claro y preciso, sin ampulosidades.
  - ⇨Cuando la audiencia cree en el emisor. Las presentaciones, especialmente las conclusiones y recomendaciones, deben ser respaldadas con una documetación convincente.
  - ⇨Cuando la audiencia encuentra útil la presentación. Hay que evitar el uso de información innecesaria.

Formato básico de una presentación

Es recomendable que en toda presentación se ilustren con hechos las ideas, es decir, que se cuantifiquen las dimensiones de los problemas o de las situaciones (cantidades absolutas y relativas, fechas, montos, etc.). Lo que sigue es un bosquejo de los temas de dos tipos de presentaciones: la informativa y la relacionada con el análisis y la toma de decisiones.

- Presentación Informativa:
  - ⇨Descripción de la idea
  - ⇨Antecedentes
  - ⇨Situación actual
  - ⇨Conclusiones

- Presentación de análisis y toma de decisiones:
  - ⇨Descripción del problema
  - ⇨Consecuencias (son generalmente negativas)
  - ⇨Soluciones
  - ⇨Beneficios: para conseguir algo de alguien conviene convencerlo de que su decisión-muchas veces su inversión-le va a proporcionar algún beneficio
  - ⇨Conclusiones y recomendaciones
  - ⇨Cronograma de acción

Enfoques que se deben evitar

- Misterio:
  - ⇨Se proporcionan todos los elementos del problema y se alarga innecesariamente la proposición de las soluciones.

- ¡Qué buena idea!:
  - ⇨Se proporciona una serie de elementos ingeniosos, creativos, pero irrelevantes y sin organización lógica.

- "Mi propia historia":
  - ⇨A la audiencia lo que le interesa es la solución de los problemas, no lo difícil y lo duro que se trabajó para llegar a su formulación.

Los elementos de una presentación

- Guión:
  - ⇨Ayuda a planificar adecuadamente el contenido. También sirve para identificar las exigencias sobre la información y para que las personas que la preparan se pongan de acuerdo.
- Resuelve las siguientes preguntas:
  - ⇨¿Cómo comenzar?
  - ⇨¿Cómo presentar y desarrollar las ideas?
  - ⇨¿Cómo concluir?

- Introducción:
  - ⇨Indica la pregunta a la que responderá la presentación
  - ⇨Presenta el mensaje principal
  - ⇨Explica cómo se organiza la presentación

- Cuerpo:
  - ⇨Debe seguir el guión
  - ⇨Debe ilustrarse adecuadamente
  - ⇨Debe utilizar transiciones adecuadas entre un tema y otro

- Cierre:
  - ⇨Refuerza y completa los mensajes
  - ⇨Replantea el mensaje principal
  - ⇨Resume los asuntos claves
  - ⇨Presenta perspectivas adicionales sobre los pasos próximos y las nuevas consecuencias posibles.

Preparación de ayudas visuales

- Según su función:
  - ⇨De información sobre el esquema de la presentación
  - ⇨De contenidos centrales
  - ⇨De respaldo

- ¿Qué contiene una buena ayuda visual?
  - ⇨Hay una idea central
  - ⇨Es simple
  - ⇨Hace hincapié en las relaciones principales
  - ⇨Tiene autoridad (referencia)

- Lo que no debe hacerse con la ayuda visual:
  - ⇨Mensaje poco claro
  - ⇨Demasiados mensajes
  - ⇨Falta de claridad visual
  - ⇨Letras muy pequeñas
  - ⇨Texto excesivo
  - ⇨Tipografía no uniforme
  - ⇨Gráficos de difícil lectura
  - ⇨Errores

- Partes de una ayuda visual:
  - ⇨Título
  - ⇨Mensaje
  - ⇨Cuerpo principal
  - ⇨Referencia

Uso de ayudas visuales

- Según el tamaño de la audiencia:
  - ⇨Pizarrón o rotafolio (hasta 15 personas)
  - ⇨Transparencias (hasta 100 personas)
  - ⇨Diapositivas (hasta 500 personas)

- Según el tipo de información gráfica a presentar:
  - Gráficos simples:
    - ⇨Rotafolio
    - ⇨Pizarrón
    - ⇨Retroproyector

- Gráficos complejos e imagen fotográfica:
  ⇨Diapositivas
- Imágenes en movimiento:
  ⇨Sistema reproductor de video y monitor
- Imágenes en movimiento ante grandes audiencias:
  ⇨Proyectores de video
  ⇨Proyectores de cine

¿Cómo hacer la presentación?

- Consejos al presentador:
  ⇨Conocer la audiencia
  ⇨Hacer buen uso del tiempo
  ⇨Tener buena apariencia
  ⇨Familiarizarse con la sala
  ⇨Familiarizarse con los equipos
  ⇨Conocer bien el material a presentar

Ensayos

Siempre es conveniente practicar la presentación mediante ensayos, especialmente si el tiempo de la presentación es muy limitado.

- Organización de la sala:
  ⇨Hay varios esquemas de organización de las salas. En cualquier caso, es un asunto que debe cuidarse para que la presentación pueda desarrollarse con comodidad y sin tropiezos.

- Consejo al presentador en el momento de comenzar:
  ⇨Fijar la vista en alguien antes de comenzar
  ⇨Sostener la mirada en una persona hasta sentir que se completa una idea
  ⇨Establecer comunicación visual con toda la audiencia alternativamente

Sesiones con preguntas y respuestas, ¿qué hacer?

⇨Mirar fijamente a la persona que hace la pregunta hasta que termine
⇨Voltearse hacia la audiencia y responder
⇨Establecer comunicación con el grupo
⇨Parafrasear la pregunta
⇨Pensar en la pregunta mientras la refrasea
⇨Eliminar el tono personal de las preguntas así formuladas

Sesiones con preguntas y respuestas, ¿qué evitar?

- ⇨Caer en discusiones con una sola persona
- ⇨Regresar a quien hizo la pregunta para buscar aprobación de la respuesta
- ⇨Terminar la respuesta volviendo la vista hacia quien la formuló
- ⇨Perder el control ante preguntas irritantes
- ⇨Tratar de disimular desconocimiento

Caso corto 1: Empresa de alimentos de consumo masivo
Posición: Gerente de mercadeo
Tiempo en el cargo: 5 meses
Tiempo en la empresa: 2 años

La empresa produce una serie de artículos relacionados de consumo masivo. Uno de ellos ha sido líder del mercado nacional durante los últimos 18 meses, pero hace noventa días comenzaron a bajar las ventas. Hace tan sólo una quincena apareció en el mercado un producto similar que tiene en el aire una agresiva campaña publicitaria.

El gerente de mercadeo, quien tiene una sólida formación académica, defiende la tesis de que hay que apoyar, mediante una intensa campaña de promoción publicitaria, la estrategia de distribución en anaqueles que su empresa ha venido utilizando con éxito durante mucho tiempo. La campaña de promoción publicitaria serviría para reforzar el buen nombre y el sólido prestigio de su producto. Sin embargo, el presupuesto disponible no es suficiente para desarrollar la campaña que propone el gerente de mercadeo.

Estamos en el mes de setiembre. La última campaña publicitaria que llevaron a cabo apareció en junio de este mismo año y se centró en el bajo precio y la alta calidad del producto.

La firma competidora basa su campaña en el hecho de que su producto es el más bajo en calorías. Sin embargo, la diferencia entre su producto y el de esta empresa es mínima. Pero ésta nunca ha recurrido a esa argumentación como punto de venta.

El gerente de mercadeo ha estado trabajando con su gente de publicidad para preparar el contenido, el alcance y la duración de la campaña. El gerente de mercadeo viene sosteniendo reuniones de trabajo con el departamento técnico de la gerencia de producción para investigar la posibilidad de bajar las calorías de su producto. Por otro lado, está pensando en proponer una guerra de precios, que, según él, la competencia no podrá tolerar. Alguien de la agencia publicitaria le comentó en una ocasión muy reciente que era necesario hacer algunas modificaciones de envase, sin que desde luego se pusiera en peligro la sólida identidad y el buen conocimiento del producto. El gerente de mercadeo no está demasiado convencido de que esa sea una buena idea. Siempre ha sostenido que el envase es precisamente una de las razones del éxito de su propio producto.

El martes de la semana pasada el gerente de mercadeo había pedido al gerente general que lo recibiera para exponerle las razones que justifican su intención. Los medios de comunicación acaban de anunciar un incremento del 8 por ciento en sus tarifas de publicidad. Necesita S/.6.000.000 para lanzar una campaña publicitaria masiva (diarios, revistas, radio, cine y televisión) antes de diciembre.

El gerente general lo acaba de llamar para informarle que hoy a las dos y media de la tarde lo va a recibir la junta directiva para escuchar su propuesta.

Presentación

Imagine que usted es el gerente de mercadeo. ¿En qué consistiría su propuesta para la junta directiva? Prepárela para hacer una presentación en clase.

Caso corto 2: Industria fabricante de repuestos para automóviles

Posición: Gerente de administración y servicios
Tiempo en el cargo: 7 años
Tiempo en la empresa: 12 años

Un decreto de desconcentración industrial dio un plazo de dos años a este tipo de industrias para abandonar el área metropolitana de Caracas. El gerente general de la empresa puso al gerente de administración y servicios a cargo del proyecto de investigación de zonas de traslado. Su responsabilidad será también la de llevar a cabo la mudanza.

Han pasado seis meses desde que el gerente de administración y servicios inició el estudio y esta tarde va a hacer una presentación a su gerente general y a los demás gerentes de la empresa para informarles acerca de lo que ha hecho hasta la fecha. Sus preferencias se inclinan por la zona industrial de Guarenas. Sin embargo, él sabe que el gerente general más bien favorece la idea de irse hacia Valencia.

Cuando el decreto fue promulgado, todos en la empresa coincidieron en que dos años no era tiempo suficiente para construir una nueva planta en otro lugar. Lo más recomendable era adquirir una edificación lista para ser usada, aun cuando fuese menester realizar algunas modificaciones. El gerente de administración y servicios, no obstante, está convencido de que en los 18 meses que quedan puede lograr que se construya la planta en un terreno muy conveniente, identificado en la zona de Guarenas. Sostiene que es mucho mejor construir una planta nueva que ponerse a hacer modificaciones. Según él, esto último termina costando más dinero, se corre el riesgo de que tome el mismo tiempo, o aun más, y, lo que es todavía más grave, generalmente no se pueden hacer todas las modificaciones necesarias.

Su propósito es convencer al gerente general y a la junta directiva de las ventajas que ofrece tanto construir una nueva planta como instalarla en Guarenas: la zona está muy cerca de su mercado principal, proporciona mano de obra calificada, presenta buen acceso vial y tiene fuentes de suministro de insumos industriales disponibles en las cercanías.

Si el gerente general aprueba hoy su plan, va a pedirle que consiga el visto bueno de la junta directiva. Tiene prácticamente todo listo para adquirir el terreno y comenzar de inmediato a diseñar la nueva edificación. Ya ha tenido conversaciones con arquitectos y empresas de construcción que le garantizan un cómodo cumplimiento de los plazos.

Presentación

Si usted fuera el gerente de administración y servicios, ¿cómo convencería al gerente general de que la construcción de una nueva planta en Guarenas va a dar mejores resultados que la modificación de una planta que ya existe en otra zona cualquiera? Prepare una presentación para hacer en clase.

Caso corto 3: Empresa fabricante de centrales y aparatos telefónicos

Posición: Gerente de planificación estratégica

Tiempo en el cargo: 2 años

Tiempo en la empresa: 2 años

Al principio, el gerente de planificación estratégica gozaba de gran aprecio y era altamente respetado por sus superiores. Sus pares veían en él una seria amenaza para sus ascensos en la empresa. Ultimamente, el gerente parece haber perdido algo de prestigio y los demás gerentes no desperdician oportunidad alguna para desacreditarlo. "Mucho curriculum," dicen, "pero, ¿dónde están los resultados de su gestión?"

Hace cuatro meses se retiró de la empresa un economista que trabajaba directamente con el gerente de planificación estratégica. Era la persona en quien más confiaba y en quien se apoyaba fuertemente, pues sus trabajos de investigación y sus análisis del entorno económico, político y social del país eran de gran calidad y le servían de base para la elaboración de sus proyecciones y planes, los cuales han sido siempre elogiados como trabajos altamente profesionales.

Recientemente, el gerente de planificación estratégica ha estado en contacto con las más altas autoridades de la empresa telefónica del Estado. Como resultado de esas conversaciones ha llegado a la conclusión de que durante los próximos diez años habrá un crecimiento explosivo de la demanda de centrales y aparatos telefónicos en el país. Ésta será la consecuencia de una cuantiosa inversión del Estado para el desarrollo de las telecomunicaciones.

La tesis del gerente de planificación estratégica es que la empresa debe adelantarse a la competencia (aparentemente la información que le han dado en la telefónica del Estado es aun confidencial) y aprovechar el momento para invertir en ampliaciones de la planta y aumentar la capacidad de producción. Sostiene también que hay que hacer una fuerte inversión en investigación y desarrollo.

Está convencido de que el país enfrentará un moderado pero sostenido crecimiento económico y que los precios del petróleo se mantendrán alrededor de los US$16 durante unos cuantos años, lo que, según él, será muy ventajoso para el país. La creciente cifra de desempleo que se vislumbra para el corto plazo no será un inconveniente insalvable. Las cifras que está manejando indican que la demanda de aparatos y centrales telefónicas crecerá en un 3,9% interanual.

Hoy debe presentar sus puntos de vista a la junta directiva.

Presentación

Imagine que usted es el gerente de planificación estratégica, ¿cómo convencerá a la junta directiva de que es necesario seguir su plan de inversión y ampliación? Prepare una presentación para hacer en clase.

Caso corto 4: Empresa de servicios con sucursales en varias ciudades del interior del país

Posición: Gerente de recursos humanos
Tiempo en el cargo: 1 mes
Tiempo en la empresa: 8 años

De los ocho años de vida de la empresa, este gerente de recursos humanos ha estado tres en la sede de Quito (Ecuador). Los otros cinco años los ha pasado en diversas posiciones, siempre en el área de personal, en varias de las sucursales en el interior. Conoce muy bien tanto a la empresa como a sus trabajadores. Tiene una sólida formación académica y ha estado siempre muy interesado en tecnificar el desarrollo de su función en toda la empresa. Su constante preocupación por asuntos tales como el desarrollo de carrera y el entrenamiento del personal lo llevaron a ocupar el puesto que tiene en la actualidad.

Es una compañía exitosa que da buenos dividendos a sus accionistas. Los propietarios, dos hermanos sesentones, formados en esta empresa que ambos fundaron hace más de 35 años, han accedido a la reorganización de la empresa, mucho más por el afecto y la credibilidad de que goza la persona que hoy ocupa la posición de gerente de recursos humanos, que por una especial convicción acerca de la técnica gerencial.

El gerente de recursos humanos ha preparado el plan de su función para el año siguiente. El propósito fundamental de ese plan es el de fortalecer su organización, la cual en la actualidad cuenta con muy pocos recursos.

En una hora, aproximadamente, va a hacer una exposición a los propietarios y a los otros tres miembros de la junta directiva. Quiere conseguir la aprobación de su plan, que contempla la creación de tres nuevos cargos en la sede de Quito y un programa intensivo de entrenamiento sobre planificación de carrera para las posiciones claves de las sucursales en todo el país, incluyendo la del gerente general.

Necesita una sólida dotación de recursos financieros para poder llevar adelante su plan. El gerente de recursos humanos está consciente de que la junta directiva no es especialmente favorable a invertir mucho en esta área. Sabe que su propio prestigio es probablemente la razón de más peso en la decisión que tome la junta directiva.

Presentación

Imagine que usted es el gerente de recursos humanos. Tomando en cuenta la experiencia que usted tiene en la empresa, ¿cómo convencerá a la junta directiva a poner de lado los fondos necesarios para llevar a cabo su plan de fortalecer la organización de la empresa? Prepare una presentación para hacer en clase.

Caso corto 5: Banco comercial
Posición: Gerente de sistemas y telecomunicaciones
Tiempo en el cargo: 4 años
Tiempo en la empresa: 7 años

La junta directiva ha visto con cierta preocupación el hecho de que pareciera existir un atraso en la actualización de los sistemas automatizados para el manejo de los grandes volúmenes de información que genera la operación del Banco. Unos de los miembros de la junta sostiene que muchas instituciones bancarias, incluso algunas de las más pequeñas, ofrecen a sus clientes varios servicios que dependen exlusivamente de la automatización y de las telecomunicaciones.

El gerente de sistemas y telecomunicaciones ha sido urgido para que diseñe y ponga en práctica algún sistema que profundice en el Banco la utilización de los instrumentos de la informática. "Pero que sea algo bien novedoso," le dijeron, "no queremos otra tarjetica más."

El equipo de ingenieros de sistemas de la organización ha estado trabajando muy intensamente en el asunto y el gerente cree haber conseguido algo que pueda ser de interés.

En una primera fase, el programa que va a presentar el gerente de sistemas contempla la instalación de terminales conectados por vía telefónica al computador central del Banco en las oficinas de 20 de sus mejores clientes. De acuerdo con sus investigaciones, esos 20 clientes estarían dispuestos a pagar una cuota por la instalación del aparato. Este aporte cubriría aproximadamente el 65% del costo de los terminales y su instalación. Los clientes, obviamente, costearían el consumo telefónico. El terminal que están ofrenciendo permite además ser usado como un ordenador personal, el cual eventualmente pudiera ser integrado a la red propia de los clientes, en caso de que éstos cuenten con esa facilidad. Lo que se ofrece a los clientes consiste en que ellos tendrán la posibilidad de hacer consultas sobre los estados de todas sus operaciones, tal y como si estuvieran en la sede del Banco.

El gerente de sistemas se ha enterado de que algunos de esos 20 clientes han presentado reclamos por la tardanza con la que reciben la información sobre los resultados de sus operaciones bancarias. Y eso también lo han sabido altos ejecutivos del Banco.

Otra de las modalidades que se incluye en el plan es la instalación de terminales para uso del público. En una etapa experimental de tres meses de duración se ofrecerá este servicio a los clientes de cuentas corrientes y de ahorros, quienes podrán hacer directamente sus consultas, siempre y cuando se trate de cuentas en esas sucursales, pues los aparatos, al menos por ahora, no permiten las telecomunicaciones. Es un terminal sencillo que tendrá claras instrucciones para su operación. No será necesario saber manejar computadoras para valerse de él. Se ha decidido hacer una prueba con seis terminales, instalados en tres sucursales del Banco, los cuales sirven a una clientela que, de acuerdo con lo que han podido indagar, tiene altas probabilidades de hacer buen uso del equipo.

Presentación

Si usted fuera el gerente de sistemas, ¿en qué consistiría su plan de automatización y telecomunicación? ¿Incluiría la instalación de terminales para uso del público o sólo terminales para los mejores clientes? ¿Habría otros servicios? Prepare una presentación para hacer en clase. No se olvide de tener en cuenta el hecho de que los altos ejecutivos del Banco han escuchado hablar de esas quejas de algunos clientes que ya han presentado reclamos. (En su presentación sería una buena idea comparar los resultados de su plan propuesto con los éxitos o fracasos de otros bancos que han sido automatizados.)

Caso corto 6: Empresa tabacalera
Posición: Gerente de relaciones públicas
Tiempo en el cargo: 6 años
Tiempo en la empresa: 9 años

Las ventas de cigarrillos han descendido considerablemente durante el último año. Por todas partes aparecen campañas anti-fumadores, algunas de ellas sustentadas con argumentaciones de carácter médico-científico que son objetivamente contundentes. Los resultados de las últimas encuestas indican que cada vez hay más personas, fumadoras y no fumadoras, que afirman que el cigarrillo es altamente pernicioso. Un considerable número de instituciones públicas y privadas ha dictado prohibición parcial y, en algunos casos, total, de fumar en sus recintos, o en parte de ellos. Restricciones gubernamentales impiden hacer publicidad sobre cigarrillos en televisión. Se ha prohibido incluso que aparezcan personas fumando en las producciones nacionales para la televisión. Adicionalmente, la empresa vive bajo la zozobra de que con mucha frecuencia el gobierno decreta nuevos impuestos al cigarrillo, con lo que el producto podrá llegar a tener precios inalcanzables. Recientemente se celebró el 'día del no fumador,' que vino a agregar intensidad a la guerra contra el hábito de fumar y que tuvo mucha acogida entre la población.

El gerente general ha pedido al gerente de relaciones públicas que trabaje en un programa extraordinario de promoción para mejorar la imagen de la empresa. Se trata de buscar la manera de lograr que se 'limpie' de tanto adjetivo de tono negativo al hábito de fumar.

La empresa emplea a más de 700 trabajadores. Si las ventas mantienen su tendencia actual durante este período, es altamente probable que muchos de ellos tengan que sumarse a la lista de desempleados que hay hoy en día en el país. Inclusive se ha pensado en la necesidad de cerrar operaciones en tres años si no aumentan las ventas.

El gerente de relaciones públicas ha estado trabajando con su equipo y ha llegado a la conclusión de que debe recurrir a una doble estrategia basada en publicidad y en una agresiva actividad de promoción institucional. En cuanto a la publicidad, el gerente de relaciones públicas piensa que hay que invertir mucho en los medios que permiten la publicidad de cigarrillo (diarios, revistas, cine, vallas, afiches). Tal y como ya lo hace una empresa de la competencia, hay que vincular el cigarrillo con gente saludable, hermosa y muy activa. Es lo que ha dicho a su agencia de publicidad, que ha traído una serie de bocetos para su consideración. En lo que se refiere a la promoción institucional, va a proponer que la empresa participe en una campaña de acercamiento a la comunidad, la cual contempla asuntos tales como la arborización de aceras e islas en algunas ciudades del país, el soporte financiero para actividades culturales y deportivas, y la promoción publicitaria de actos culturales y deportivos. Con todo esto el nombre de la empresa estará vinculado a cuestiones de carácter evidentemente positivo.

El gerente de relaciones públicas hará una exposición ante la junta directiva en la tarde de hoy.

Presentación

Imagine que usted es el gerente de relaciones públicas. ¿Cómo haría una campaña publicitaria capaz de mejorar la actual imagen que mucha gente tiene de las empresas tabacaleras? Prepare una presentación para hacer en clase.

Caso corto 7: Empresa periodística
Posición: Gerente de circulación
Tiempo en el cargo: 1 año
Tiempo en la empresa: 1 año

La experiencia profesional del gerente de circulación se fundamenta en los años que estuvo trabajando en diversas empresas, siempre en el campo de la distribución de productos alimenticios. No conocía el negocio periodístico, pero, a pesar de ello, la empresa lo contrató, a riesgo calculado, por sus excelentes referencias. Es responsable de la distribución de un diario editado en Lima (Perú), que circula en todo el territorio nacional, y de una serie de revistas de periodicidad semanal, algunas de las cuales son editadas por ellos mismos, mientras que otras son editadas por otras empresas. La empresa cuenta con una flota propia de camiones para la distribución de esos productos. Es indispensable que el diario llegue a las poblaciones más distantes antes que los otros dos periódicos que también son editados en Lima (y circulan en todo el país), los cuales son su verdadera competencia. Este diario es el líder del mercado nacional, pero casi todas las ciudades principales del país cuentan con un diario local de mayor venta. El gerente de circulación, al igual que todos en la empresa, está consciente de que su competencia no son esos periódicos locales, de pequeña tirada y de circulación restringida al ámbito local.

Para poder llegar al sitio más distante de la red de distribución, a unas diez horas de recorrido en los camiones, es indispensable que a las nueve de la noche, a más tardar, ya las rotativas estén produciendo periódicos. Sin embargo, últimamente se han dado atrasos sostenidos durante la hora de cierre y no ha sido sino hasta las once cuando las máquinas han comenzado a rodar.

El gerente de circulación ha llegado a la conclusión de que el personal de la redacción no está bien informado sobre la vital importancia que tiene el hecho de garantizar que el periódico esté lo más temprano posible en sus puntos de venta en todo el país. Según él, esa es la única posibilidad de mantener el liderazgo, pues la mayoría de los lectores de la provincia considera los diarios de Lima como periódicos secundarios, después del que circula localmente, que siempre está disponible muy temprano por la mañana y que trae información que los periódicos capitalinos no incluyen.

El gerente de circulación quiere explicar al personal de la redacción la relación que existe entre una buena distribución y la posibilidad de conservar el liderazgo del mercado. A mayor puntualidad a la hora del cierre, mayor venta. A mayor venta, mayor publicidad. A mayor publicidad, mayores ingresos. A mayores ingresos, más posibilidades de realizar un producto cada vez mejor.

Una buena parte del equipo de redacción considera que el periódico nada tiene que ver con esas cuestiones de tipo empresarial. Estos creen que la misión del diario es exclusivamente informar a los lectores, con un enfoque muy crítico, sobre los hechos cotidianos del país y del resto del mundo. También opinan que el diario debe estar pendiente tan sólo de describir la realidad, tal cual es, y que eso es muchísimo más importante que cerrar temprano. “Los periódicos no pueden ser un negocio,” sostienen algunos.

La reunión con el gerente de circulación y el equipo de redacción es esta misma tarde.

Presentación

Si usted fuera el gerente de circulación, ¿cómo convencería al equipo de redacción de que, en realidad, el diario es un negocio y que, para mantenerlo así (es decir, para que el equipo pueda seguir publicándolo), tiene que funcionar como un negocio?

Caso corto 8: Empresa fabricante de muebles para oficinas

Posición: Gerente de producción
Tiempo en el cargo: 7 años
Tiempo en la empresa: 12 años

Ante el aumento desmesurado del precio de las maderas, en especial de las comprimidas que se utilizan en esta empresa para la fabricación de los muebles, el gerente de producción ha estado pensando proponer al gerente general una ampliación de la planta para instalar maquinaria compactadora para producir allí mismo los comprimidos y enchapados. Por otro lado, últimamente los pedidos de estos materiales han estado llegando con un porcentaje muy grande de desperfectos y las entregas no se vienen cumpliendo regularmente.

La materia prima para la producción de los enchapados está hoy en día garantizada, debido a que el bosque de pinos de Uverito (la zona de reforestación industrial) entró ya en su fase de producción. Como parte de su política de sustitución de importaciones, el gobierno ha anunciado un programa muy atractivo de incentivos para el consumo nacional de la producción de Uverito.

El estudio de costos sobre la instalación de la nueva maquinaria que encargó el gerente de producción, indica que se puede obtener una tasa de retorno moderadamente conveniente y en un plazo aceptable. Las tres instituciones bancarias con las que ha trabajado la firma durante los últimos años prometen financiamiento conveniente. El ministerio de Hacienda le ha asegurado a la firma que para este mismo trimestre le otrogará el cupo para la importación de la maquinaria.

A juicio del gerente de producción, la modificación del diseño de la planta es indispensable de todas maneras, con o sin maquinaria nueva. Desde hace algún tiempo ha estado proponiendo que la empresa haga modificaciones a su planta industrial. Opina que hay una utilización inconveniente de los espacios, la cual ha incidido de forma muy negativa en los indicadores de productividad. Según dice este gerente: "Con un nuevo diseño y la desincorporación de un par de máquinas obsoletas de bajísimo rendimiento, obtendríamos espacio suficiente como para instalar la planta de comprimidos."

La operación de la nueva maquinaria no exige mano de obra costosa y no será necesario aumentar mucho la fuerza laboral. El gerente de producción también piensa que con las modificaciones que propone, el personal trabajará mucho más a gusto y aumentará su rendimiento.

Esta tarde expondrá sus puntos de vista a la junta directiva de la empresa.

Presentación

Si usted fuera el gerente de producción, ¿cómo convencería a la junta directiva de los beneficios de su plan para modificar la planta? Prepare una presentación para hacer en clase.

Caso corto 9: Planta de cemento
Posición: Gerente de protección industrial
Tiempo en el cargo: 8 años
Tiempo en la empresa: 17 años

La más reciente ampliación emprendida por la empresa ha despertado drásticas protestas de los habitantes del centro poblado más próximo a la planta. Según los vecinos, esa ampliación representa una amenaza para su seguridad y es un factor de contaminación ambiental que en poco tiempo destruirá la flora y acabará con la fauna del lugar. Representantes del concejo municipal han hecho declaraciones públicas para respaldar las quejas de los vecinos.

Desde que la empresa comenzó sus operaciones, hace ya más de quince años, no había enfrentado mayores problemas de esta naturaleza. Era una planta pequeña y ubicada a tal distancia de la población que su presencia allí pasaba prácticamente desapercibida.

Durante estos años, sin embargo, la población ha venido creciendo precisamente en dirección a la planta de cemento. Por iniciativa del gerente de protección industrial, hace 8 años la empresa compró una enorme franja de terreno para adelantarse un poco a esta situación. A pesar de esto, hoy en día no hay una gran distancia entre la planta y la población.

Los vecinos alegan que el polvillo que se produce como resultado de las operaciones de la planta está contaminando el ambiente. Se quejan también por la presencia, en los alrededores de la planta, de unos tanques de combustible, los cuales, según ellos, "podrían convertir a esa planta en una bomba de tiempo."

La ubicación de la planta en ese sitio obedece a razones de carácter estratégico. En sus cercanías hay ricas canteras para la extracción de parte de la materia prima que utilizan para la fabricación del cemento. A conveniente distancia hay un puerto para la salida del cemento. La mayoría de los trabajadores de la empresa habitan precisamente en la población cuyos dirigentes vecinales están organizando las protestas. Salvo actividades agrícolas menores, no hay fuentes de ingresos para los habitantes del pueblo. Las proyecciones de la empresa señalan que durante los próximos cinco años habrá un incremento del consumo interno de cemento como consecuencia de las cuantiosas inversiones que viene haciendo el gobierno en el área de la construcción, en especial en el de autopistas, carreteras y otras vías para el tránsito de vehículos.

El gerente de protección industrial es un individuo profundamente preocupado por los problemas de contaminación y de deterioro ambiental que pudiera ocasionar la operación de la planta de cemento. En ese sentido, siempre ha mantenido una conducta que favorece la instalación de todo tipo de filtros y de otros equipos que garanticen la integridad del ambiente y de las personas. A lo largo de los años ha hecho que se pongan en funcionamiento diversos sistemas de prevención. En cuanto a los tanques de combustible, el peligro de una explosión es mínimo. Están rodeados de tanques de agua y de equipos contra incendios que, en caso de producirse un accidente, son activados automáticamente y evitan que se produzcan explosiones y fuego. Los combustibles que utiliza la planta, además, no son volátiles.

El gerente de protección industrial va a recibir esta tarde a los vecinos para explicarles lo que ya está haciendo y lo que hará la empresa para garantizar la sanidad del ambiente. Entre otras cosas, va a pedir su colaboración para poner en práctica un plan de arborización en los alrededores de la planta.

Presentación

Imagine que usted es el gerente de protección industrial. Tomando en cuenta los posibles peligros relacionados con la ubicación de la planta y las preocupaciones del público, intente fabricar un plan para asegurar a los vecinos que usted está trabajando para garantizar la sanidad del ambiente. Prepare una presentación para hacer en clase.

Caso corto 10: Empresa petrolera
Posición: Gerente de mantenimiento y construcción
Tiempo en el cargo: 3 años
Tiempo en la empresa: 10 años

Durante el último año, el gerente de mantenimiento y construcción ha estado estrechamente involucrado en el mantenimiento de las plantas de compresión de gas de la empresa en el lago de Maracaibo. En los tres años en el cargo, el gerente ha tenido que programar no menos de seis paradas de planta por mantenimiento mayor. El tiempo de estas paradas ha oscilado entre doce y veinte semanas por planta como resultado de una serie de problemas, fundamentalmente logísticos, que su organización ha tenido que enfrentar. Adicionalmente, los tiempos de parada en las plantas, excesivamente largos, han tenido un impacto muy negativo en las disponibilidades de producción de petróleo en el área y el propio abastecimiento de gas a la región.

Como resultado de la aplicación del sistema de gerencia de calidad, destinado a identificar las posibles causas de desperdicio de tiempo y recursos en la actividad de mantenimiento de plantas, el gerente de mantenimiento y construcción ha identificado las siguientes situaciones como causas posibles para el retraso en el mantenimiento de las plantas:

1. La inadecuada programación de compras de equipos y repuestos;
2. La inexistencia de un sistema de transporte lacustre exclusivo para las cuadrillas de obreros que trabajan en labores de mantenimiento mayor, quienes tienen que ajustar su traslado a las plantas en el horario normal para todo el personal;
3. El horario de trabajo de los talleres de mantenimiento es muy inflexible y dificulta la recepción de equipos para su revisión y reparación respectivas;
4. No siempre se dispone de los servicios de asesoría con los fabricantes contratistas de los equipos de las plantas, los cuales tienen que avalar el mantenimiento y la reparación que se programe para los equipos.

Junto con su grupo de trabajo, el gerente de mantenimiento y construcción ha recopilado estadísticas y ha analizado en detalle todo lo referente a las últimas tres paradas de planta. Ha identificado las posibles soluciones a estos retrasos. Estima que, mediante una más ajustada programación anual de las compras, los materiales y equipos se pueden recibir a tiempo, con más de dos meses de anticipación para cada trabajo de mantenimiento.

Por otro lado, si se programan especiales facilidades de transporte lacustre, facilidades de horario abierto para transportar al personal de mantenimiento, no se originarían retrasos en la espera de los cambios de guardia de este personal, que podría trabajar en turnos seguidos. La misma disponibilidad de turnos seguidos podría programarse para los talleres de mantenimiento y reparación que reciben los equipos. Por otra parte, se pudiera exigir al contratista la disponibilidad permanente de ingenieros asesores, quienes atenderían específicamente las exigencias de control y chequeo, previas al arranque de cada planta sometida a mantenimiento.

Con estos ajustes, el gerente de mantenimieto y construcción estima que el tiempo de parada por mantenimiento de plantas podría reducirse a seis semanas, con ahorros de hasta cinco millones de dólares por cada trabajo de mantenimiento mayor.

El gerente de mantenimiento y contrucción presentará hoy sus propuestas al comité de operaciones de la gerencia general de producción de su empresa.

Presentación

Si usted fuera el gerente de mantenimiento y construcción, ¿cómo convencería al comité de operaciones de que su plan de ajustes resultará benificioso para la empresa? Prepare una presentación para hacer en clase.

Vocabulario Español-Inglés

Abreviaturas usadas en este vocabulario:
adj.=adjective, adv.=adverb, f.=noun (feminine), m.=noun (masculine), v=verb

a

a granel m. *in bulk*
abarrotería f. *grocery store*
abastecer v. *to supply*
acabado m. *finishing*
acabado(a) adj. *complete, finished*
acatar v. *to observe, to respect*
acción común f. *stock, share*
acción preferida f. *preferred stock*
accionista m./f. *stockholder*
acertado(a) adj. *right, sure*
acre m. *acre*
activo m. *assets*
activo corriente m. *current assets*
adiestrado(a) adj. *trained*
afianzar v. *to guarantee*
afligir v. *to afflict*
aglutinado m. *fastener*
agotar v. *to run out*
agregar v. *to add*
agregarse v. *to join*
al por mayor m. *wholesale*
al por menor m. *retail*
aledaño(a) adj. *bordering*
almacenamiento m. *storage*
anaquel m. *shelf*
anuente adj. *consenting*
amarrar v. *to tie up*
ampulosidad f. *pomposity*
apiñarse v. *to crowd*
arancel aduanero m. *custums tariff*
armazón f. *frame*
arruga f. *wrinkle*
artífice m./f. *craftsman*
asesoría f. *consulting, advising*
astilla f. *chip*
atañer v. *to concern*

b

balance m. *balance sheet, balance*
beneficio m. *benefit, profit*
blanqueador m. *whitener*
blindaje m. *armor plating*
boceto m. *sketch, outline*
bodega f. *warehaouse, grocery store*
bonificación f. *rebate, discount*
bruto(a) adj. *gross*

c

cabal adj. *complete, exact*
capital m. *capital, principal*
calendario de producción m. *production schedule*
calidad f. *quality*
camarón m. *shrimp*
camino de grava m. *gravel road*
camión m. *truck*
canal m. *canal, channel*
capataz m. *boss*
carga tributaria f. *taxed cargo*
centavo m. *cent*
centrifugadora f. *centrifuge*
ciénaga f. *swamp*
coalición dominante f. *dominant coalition*
colindante adj. *adjacent*
colmado m. *grocery store*
compañía f. *company*
compañía limitada f. *limited company*
confeccionista m./f. *clothier*
conglomerado m. *conglomerate*
consecución f. *attainment*
consorcio m. *partnership, consortium*
consumidor m./f. *consumer*
contabilizar v. *to enter in a ledger*
contratar v. *to hire, to contract*
contratista m./f. *contractor*
contundente adj. *conclusive*
cortar y quemar v. *to slash and burn*
corto plazo m. *short term*
cosecha f. *harvest*
costear v. *to pay for*
costo m. *cost*
costos operativos m. *operating costs*

cuentas por cobrar f. *accounts receivable*
cultura organizacional o corporativa f. *organizational or corporate culture*
cupo m. *quota*
curso de capacitación m. *training course*

d

dar abasto v. *to be sufficient*
delantal m. *apron*
demanda f. *demand*
desafiante m./f. *rival*
desapercibido(a) adj. *unnoticed*
desarrollo sostenible m. *sustained development*
descuento m. *discount*
desembocadura f. *opening, river mouth*
desfile m. *review, parade*
desflecar v. *to remove the border from*
desgranadora f. *threshing or shelling machine*
deshuesar v. *to bone*
desmotadora de algodón f. *cotton gin*
desmotado(a) adj. *ginned (cotton), burled (wool)*
despacho m. *shipping*
detallista m./f. *retailer*
devolución f. *refund, repayment*
diapositiva f. *slide*
dirigente m./f. *leader, executive*
disminución f. *reduction*
distribución f. *distribution*
dividendos m. *dividends*
divisa extranjera f. *foreign currency*

e

economía de escala f. *scale economy*
eficacia f. *efficiency*
egreso m. *expenditure*
embarcar v. *to ship*
embarque m. *shipment*
embotellamiento m. *bottleneck*
empacar v. *to crate, to pack*
empresa f. *company, business*
en rama adv. *raw*
encarar v. *to face*
encargar v. *to order, to entrust*
encogimiento m. *shrinkage*
encrucijada f. *crossroads*
encuesta f. *survey, poll*
enchapado m. *veneering*
endeudado(a) adj. *indebted*
enganchar v. *to hook*
enlace m. *tie, link*
ensayo m. *practice, exercise*
entretela f. *interlining*
equipo m. *team, equipment*
equipo pesado m. *heavy equipment*
espesor m. *thickness*
esquistosomiasis f. *schistosomiasis*
estaca f. *stake*
estacional adj. *seasonal*
estadía f. *stay*
estado de ganancias y pérdidas m. *statement of profits and losses*
estampado m. *printed fabric*
estandarizar v. *to standardize*
estrategia f. *strategy*
estructura informal f. *informal structure*
estructura organizacional f. *organizational structure*
etiqueta f. *label, tag, sign (e.g. for publicity)*
exhibir v. *to exhibit*
extraerse v. *to extract*

f

factivilidad f. *feasibility*
fábrica f. *factory*
faja f. *sign (e.g. for publicity)*
fanfarón(a) adj. *flashy*
feraz adj. *fertile*
fidedigno(a) adj. *reliable*
fletado(a) adj. *chartered*
flujo de caja/efectivo m. *cash flow*
folleto m. *pamphlet*
fósforos m. *matches*
franquicia f. *franchise*
fungicida f. *fungicide*

g

ganado m. *livestock*
ganancia repartida f. *shared earning*
gancho m. *hook*
gangrena f. *gangrene*
genérico m. *generic*
gentío m. *crowd*
gerente m./f. *manager*
gerencia m. *management*
gestión f. *action, step, management*

goma f. *rubber*
gremio m. *guild, trade union*
grúa f. *hoist, crane*
guillotina f. *cutter*
guión m. *script*

h

hacerse cargo de v. *to take charge of*
hacha f. *axe*
haraposo(a) adj. *ragged*
hectárea f. *hectare*
hilado(a) adj. *spun*
hilados m. *spun fabrics*
huelga f. *strike*

i

impuesto m. *tax*
incumbencia f. *duty*
industria capital-intensiva f. *capital-intensive industry*
ingreso m. *income, revenue*
inmueble m. *real estate*
institución morosa f. *institution in arrears*
integrar v. *to integrate*
interino(a) adj. *temporary, interim*
intruso m./f. *intruder*
inventario m. *inventory*
inventario en almacén m. *warehouse inventory*
invertir v. *to invest*
involucrar v. *to involve, to implicate*
irrisorio(a) adj. *ridiculous*

j

junta f. *board*
junta directiva f. *board of directors*

l

lacustre adj. *lacustrine*
lámina f. *sheet, plate*
lancha f. *barge*
lanchón m. *barge*
largo plazo m. *long term*
lema m. *slogan, motto*
lepra f. *leprosy*
letrero m. *sign, label*
liderazgo m. *leadership*
lijadora f. *sander*
liquidez f. *liquidity*
liviano(a) adj. *light*
lodo m. *mud*
logotipo m. *logotype*
lote m. *lot, portion*
lucro m. *profit, gain*

m

malaria f. *malaria*
mancomunado(a) adj. *united*
mano de obra f. *labor*
marca f. *brand, mark*
margen m./f. *margin*
marquilla f. *label*
mascota f. *mascot*
materia prima f. *raw material*
mayorista m./f. *wholesaler*
mazo m. *mallet*
mercadeo m. *marketing*
mercado m. *market*
ministerio de Hacienda m. *Treasury Department*
minorista m./f. *retailer*
mordedura de culebra f. *snake bite*
muestra f. *sample*
mula f. *mule*
municipio m. *municipality*

n

nacionalista m./f. *nationalist*
neto(a) adj. *net*
nómina f. *pay roll*
núcleo m. *nucleus*

o

obra semiadiestrada f. *semi-skilled labor*
ocioso(a) adj. *useless*
oferta m. *offer*
ordenador m. computer

p

papel m. *role*
parafrasear v. *to paraphrase*
parcela f. *plot*

pasillo m. *corridor*
pasivo m. *liabilities*
patrocinar v. *to sponsor*
pegante m. *fastener*
pepita f. *seed*
pienso m. *feed*
pizarrón m. *blackboard*
plan central o fijo m. *master or fixed plan*
plan operacional m. *operational or current plan*
planificación f. *planning*
planificar v. *to plan*
planta f. *factory, plant*
poder adquisitivo m. *purchasing power*
poliéster m. *polyester*
posicionamiento m. *standing*
preembalaje m. *prepackaging*
preenvasado(a) adj. *prepackaged*
prensa f. *press, clamp*
procedimiento m. *procedure*
promedio m. *average*
promover v. *to promote*
propiedad f. *property*
propuesta f. *proposal*
proyectar v. *to project*
publicidad f. *publicity*
pueblo de la compañía m. *company town*
pulmonía f. *pneumonia*

r

reembolso m. *refund, rebate, reimbursement*
reclamo m. *claim*
reclutar v. *to recruit*
recaudo m. *tax collection*
rédito m. *interest*
rentabilidad f. *profitability*
repuesto m. *stock, supply*
respaldar v. *to indorse*
revista f. *magazine*
rotativa f. *rotary printing press*

s

salario m. *salary*
secadora f. *dryer*
sembrar v. *to seed, to sow*
sierra f. *saw*
sindicato m. *trade union*
sociedad anónima f. *stock company*
socio(a) m./f. *partner*
soja f. *soy bean*
subcontratar v. *to subcontract*
subsidiaria f. *subsidiary*
subsistencia f. *subsistence, livelihood*
suministro m. *supply*
sumiso(a) adj. *obedient, submissive*
suplir v. *to supplement*
surtir v. *to provide*

t

talar v. *to fell*
tambor m. *drum*
tamaño m. *size*
tanque m. *tank*
taparrabo m. *loincloth*
tarifa f. *tariff*
tarifa arancelaria f. *customs tariff*
tasa f. *rate*
tasa de crecimiento f. *growth rate*
tejer v. *to weave*
tejidos m. *woven fabrics*
tela f. *fabric, cloth*
telar m. *loom*
tendero(a) m./f. *shopkeeper*
tener visos v. *to appear*
teñido m. *dyeing*
teñir v. *to dye*
tiempo completo m. *full time*
tierra de labranza f. *farmland*
torno m. *winch, lathe*
traslapo m. *overlap*
trillo m. *thresher*
troceado(a) m./f *cut, divided*
troza f. *log*
tuberculosis f. *tuberculosis*

u

ubicar v. *to place, to locate*
urbanizador(a) m./f. *developer*
utilidad f. *profit*
utilidad bruta f. *gross profit*
utilidad neta f. *net profit*

v

vapor refrigerado m. *refrigerated steamship*
venta f. sale
vertiginosamente adv. *dizzily*
vinícola adj. *relating to wine making*
viñedo m. *vineyard*

z

zozobra f. *anxiety*